織田信長の城

加藤理文

講談社現代新書

2405

はじめに

南蛮マントを羽織り、颯爽と佇む高貴な美男。風貌は、長身で痩せ形、色白で面長、薄い髭と甲高い声――。これがほぼ一般に定着している戦国の覇王・織田信長のイメージではないだろうか。

実際、ＮＨＫ大河ドラマ、映画等映像で描かれる信長は、ほぼこのイメージを踏襲している。この信長像を創り上げたのは、長興寺や神戸市立博物館に残る肖像画、宣教師ルイス・フロイスのこと細かな描写からであった。戦国の世を統一に導いただけでなく、巨大な水堀に囲まれ、あたりを睥睨《へいげい》するかのように聳え立つ天守のある城のイメージを造り上げたのもまた、信長であった。

尾張半国の小名に過ぎなかった織田信長の名が全国に知れわたったのは、永禄三年（一五六〇）の桶狭間の戦によってである。東海一の弓取りと呼ばれた駿河の太守・今川義元率いる二万五千余の大軍勢を、わずか二千余の手勢で奇襲、義元の首級《しるし》を挙げることに成功し、一躍その名を天下にとどろかせた。東からの脅威を除いた信長は、美濃の斎藤氏との戦いに専念することが可能となり、急速に勢力を拡大させていった。

城は本来、防御施設であり、軍事施設として発展してきた。全国的規模で戦乱が日常化した戦国時代、城郭の軍事機能は急速に発展を遂げた。領国を守り、さらに拡大してゆくことをねらった戦国大名は、領国内の拠点や征服した土地に次々と新しい城を構築し、他国との境、街道を押さえる要衝の地などに、数限りなく城を配置したのである。

こうした中、美濃侵攻をめざした信長は、小牧山に新たな城を築き上げる。各地の戦国大名の城とは異なり、小牧山城には周囲を囲む堀もなければ、土塁も設けられなかった。巨石で囲い込んだ主郭部を中心に、三段の石垣を積み上げた軍事的要塞ではない城が誕生したのである。だが、未だ石垣は発展途上で、石垣上に建物を建てるまでには至らなかった。そこで、巨石を連ね石の壁で囲む城とした。濃尾平野に突如、かつて誰も見たこともない石の山に建つ城が現れた。見せるための新城小牧山城を構築することで、明確に権力が信長に集中していることを知らしめたのだった。

また、碁盤の目状の城下を設け、そこに家臣団を集住させてもいる。新たな城下建設は、職能集団の把握と一元管理を兼ねたもので、旧来の寺社勢力が保有する諸権利を剝奪するためであった。すべての権力の集中——信長のねらいは明確で、新たな城と権力者がここに誕生したのだ。

美濃攻略に成功後、岐阜に居城を移転させると、小牧山で具現した城はさらに規模を拡大し、発展を遂げた。伝統的技術と革新性の融合を図りつつ登場した岐阜城である。岐阜城は「信長の掌握した権力を示すためと、他の戦国大名以上の力をもっていることを誇示するため」であるとともに、「自分の慰安と娯楽のため」に築いた城であった。そこには、谷川全体を庭園とし、階段状の曲輪《くるわ》が設けられ、金閣を遥かに凌駕する四階建ての宮殿が聳え立っていた。

何人たりともそこへ足を踏み入れることは厳禁とされ、内部へ入ることができたのは、信長の許しを得た特別な人のみである。すでに入京を果たし、畿内制圧を成し遂げた信長は、すべての権力を傘下に収めつつあった。まさに岐阜城は宮殿であり、そこに軍事的色彩は見えてこない。技術融合によって後の安土城へと引き継がれる「見せるための城」が、岐阜ですでに誕生しようとしていたのである。

そして天正四年（一五七六）、今まで見たこともない未曾有の城の工事が琵琶湖畔の安土の地で開始された。天下布武の拠点とするため、信長が当時の技術力の粋を結集。軍事施設であった城が居住空間となり、政治的な場へと変化したのである。さらに、統一の象徴として見せることを意識した城となった。その代表が、最高所に築かれた「天主」という名のシンボルタワーである。

天主と呼ばれる高層建築物は、それまでの城には存在しなかった巨大な建物で、外観五重、内部は地上六階、地下一階で信長の居住空間の一部として築かれ、室内は豪華絢爛な姿であった。戦国期のこれまでの城で、専門技術者集団を結集させ、何年にもおよぶ工事で完成させるというようなことはなかった。ところが安土城は、数ヵ国から何千人もの人々を動員して三年余の日々を費やし、完成を見た。まさに国家的プロジェクトと呼ぶに相応《ふさわ》しい規模だったのである。

安土城完成――それは日本の城の革命であった。信長は畿内の大部分を制圧し、そこに住まう寺社築造に携わる旧来の伝統的技術者集団を掌握し、彼らの持つ技術を基に、築城技術という新たなカテゴリを生み出したのである。

安土城を完成させた最大の技術革新は、本格的な石垣の築造に尽きる。従来の石垣はあくまでも土留めが主目的で、石垣上に建物が建つことは想定されていない。しかし安土城の石垣の最大の特徴は、石垣上に構築物が築かれることを前提として積まれていることであった。その技術を可能にしたのは、さまざまな技術によって石垣を構築してきた石工集団を統一的に再編成し、新たな規格を持たせた石垣構築を命じたことにあった。

屋根に載せた瓦も、それまでの技術力は使用するものの、新たな形、模様を生み出し、さらに金箔を貼るという特異なものまでを出現させた。この瓦は、使用にあたって規制がかけられており、誰もが自由に使用することはできなかったのである。部材等の使用に為政者が規制を設けたのも、初めてのことである。

安土城は、天下統一をめざす信長が築き上げた富と権力の象徴であった。他の戦国大名が思いもかけないほどの経済基盤を有し、圧倒的な軍事力を持つことを宣伝するための施設であった。織田政権への反抗心を奪い、織田政権に与《くみ》することこそが、戦国の世を生き抜くことに繋がることを知らしめようとした。つまり、一日も早い統一政権の誕生を目指し、現代の核兵器にも似た抑止力として築いた城が、安土城だったのである。

圧倒的な経済基盤を見せつけられた全国の戦国大名たちは、次々と信長の軍門に降《くだ》った。全国津々浦々へと知れわたった豪華絢爛な城の誕生によって、戦国の世は終わりを告げようとしていた。

だが、覇者の城は、完成からわずか三年余でこの世から姿を消した。断片的な記録は多く残るものの、その全容はほとんどわかっていない。そのため、後世「安土城の謎」として、多くの疑問点が提示された。本丸御殿にあったとされる「御幸《みゆき》の御間」に、天皇を行幸させようとしていたのか。その「御幸の御間」はどこにあったのか等である。

しかし、『信長公記』を丹念に調べ、現状の城跡の地形を確認すれば、答えは見えてくる。「御幸の御間」がある本丸御殿は、現信長廟のある二ノ丸に存在していた。現在、伝本丸跡と総称されている場所は南殿であり、伝三ノ丸跡は江雲寺御殿であった。『信長公記』の記録が、これを証明する。

さらに言うなら、信長は自らの権力基盤を示すために「御幸の御間」を築いたのであり、そこに当時の正親町《おおぎまち》天皇の行幸は想定していない。当然、直線の大手道も行幸用の道ではなく、摠見寺《そうけんじ》への参拝ルートであった。著名な巨石「蛇石」は、見せるためではなく鎮め石として、本丸御殿地下に埋められている。城内のどこを探しても見つからないのは、当然だろう。

従来、この安土城こそが近世城郭の嚆矢《こうし》で、以後の城郭建築の礎と考えられてきた。だが、近年の発掘調査の進展や城郭研究の深化によって、信長はすでに永禄六年（一五六三）の小牧山築城段階から、城の革命に乗り出そうとしていたことが明らかになってきた。信長の城は、小牧山段階から軍事施設としての体裁が放棄され、見せるための城に変化しようとしていたのである。岐阜城では、遂に信長が大衆の前から姿を消してしまう。信長の許可なくして、たとえ誰であろうと城の中へ入れなくなってしまった。統一の拠点として完成した安土城は、完全な見せる施設であり、信長の宮殿そのものであった。人々は、あまりに華麗なその姿に、信長に対する畏怖の気持ちを大きくし、天下統一が目の前に迫っていることを実感したのである。

本書は、現段階で判明する、小牧山城、岐阜城、安土城の姿を、文献史料や発掘調査資料等から検討し、確実な部分と不明確な箇所を再確認し、その真実の姿を明らかにしようとするものである。小牧山城から始まる新たな城づくりによって信長は何を城に求めたのか。城はどう変化したのか。統一政権樹立に向けて、城をどう利用しようとしたのか。規制・許認可を含む信長の城郭政策の具体的内容に踏み込むことによって、信長がめざした城づくりのすべてを本書にあますところなくまとめてみた。

国指定重要文化財 紙本著色織田信長像
(所蔵者:長興寺、写真協力:豊田市郷土資料館)

目次

序　章　尾張統一以前の城

織田信長の誕生

信長が誕生した室町時代後半は、国単位で室町幕府から任命された「守護（守護職）」が置かれていた。守護とは一国の軍事指揮官であり、行政官であった。尾張の守護は、室町幕府三管領の一家として幕府内で強大な権力を保持する斯波《しば》氏である。管領とは足利将軍補佐職で、内外の政務を統轄する行政機関の最高官職であった。

そのため、斯波氏は、尾張だけでなく、越前・遠江の守護も兼ねていた。管領職である斯波氏の当主は京都滞在を常としたため、分国支配は守護代に委任せざるを得ず、やがて越前は朝倉氏、遠江は駿河守護・今川氏、尾張は織田氏に実権が移っていった。

尾張の守護代織田氏も二家に分かれ、上四郡を領し岩倉城（愛知県岩倉市）を拠点とする織田伊勢守信安の系統と、下四郡を領し清須城（清洲城／愛知県清須市）を拠点とする織田大和守達勝《みちかつ》の家系で尾張支配を巡る争いが繰り広げられていた。下四郡を領する織田大和守配下には、織田因幡守・織田藤左衛門・織田弾正忠の三老臣がおり、清洲三奉行と呼ばれていた。

この清洲三奉行のうち、織田弾正忠家が信長の家系となる（図0－1）。信長の家系は、尾張守護の下四郡の守護代織田氏の一奉行にすぎなかったが、信長の父・信秀の代に急速

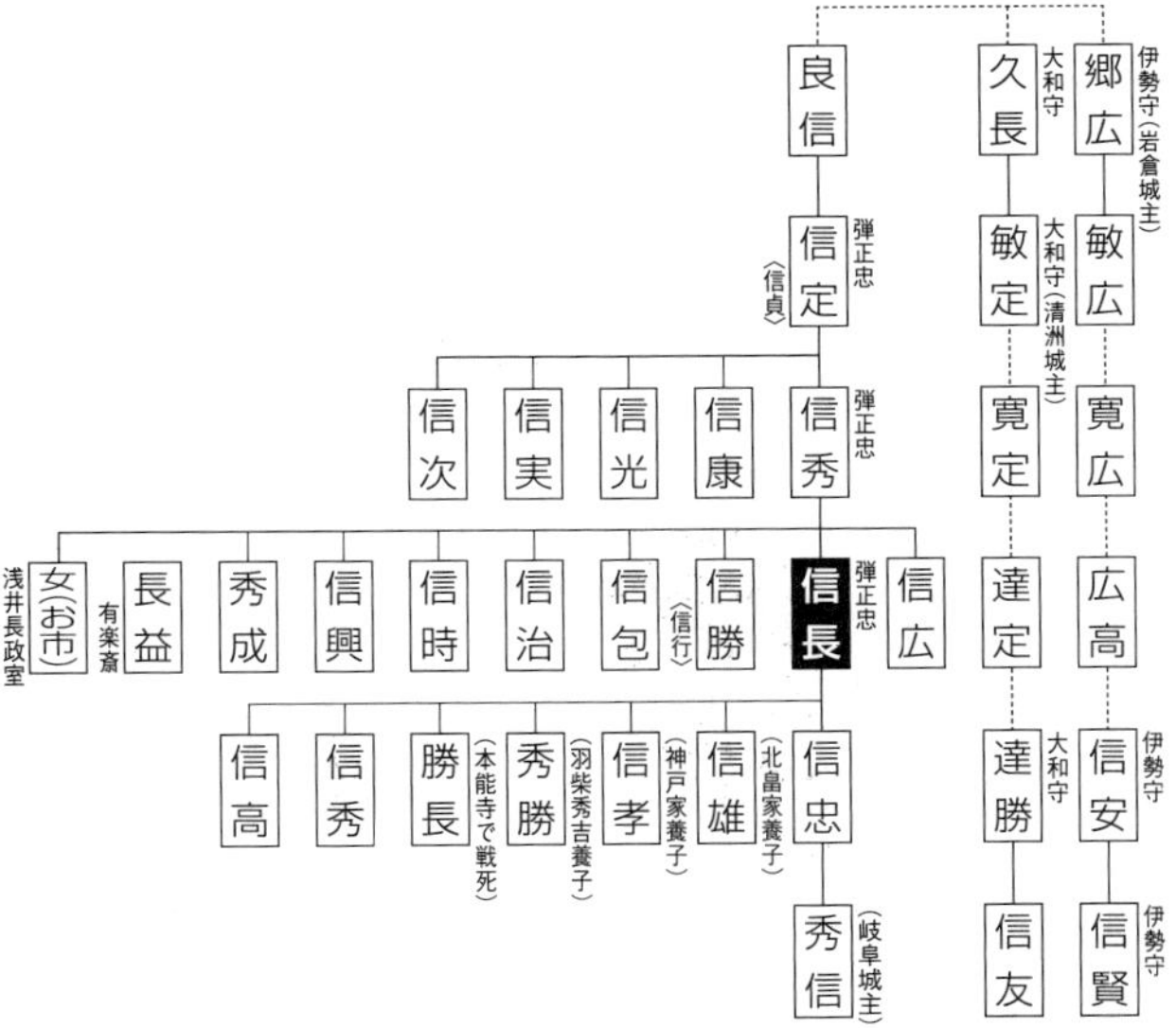

図0-1　織田氏略系図

に家内で力を伸ばし、やがて主君大和守、さらには守護斯波氏をも上回る権力を保持するに至ったのである。

信長は、この信秀の三男として天文三年（一五三四）に誕生。『信長公記』には、信秀が那古野《なごや》に城を築き、生まれたばかりの信長に、織田家の宿老林新五郎・平手中務丞・青山与三右衛門・内藤勝介らをつけて居城させることになったと記されている。なお、信長誕生の地は、勝幡《しょばた》城（愛知県愛西市・稲沢市）と那古野城（名古屋市中区）の二説があったが、信秀の那古野城攻略が天文七年（一五三八）とする見解が示され、勝幡誕生説が有力となっている。

信長が生まれた勝幡城は、清須織田家の奉行であった織田信定（信長の祖父）によって、永正年中（一五〇四〜二一）に築かれたと言われる。勝幡は、尾張の商都・津島の北東約三キロメートルの地に位置し、河川交通によって接続していた。

中世尾張経済の拠点であった津島は、鎌倉時代以降、木曾三川（木曾川・長良川・揖斐《いび》川）を渡って尾張と伊勢を結ぶ要衝として繁栄。全国天王信仰の中心津島天王社（津島神社）が所在し、門前町も形成されていた。大永六年（一五二六）連歌師・宗長《そうちょう》は、この地に立ち寄り、〈此所のをの〱堤を家路とす、橋あり、三町あまり、勢田の長橋よりは猶遠かるへし〉等と湊町としての繁栄の様子を『宗長日記』に記している。

一六世紀の津島は、湊町・門前町として発展を遂げ、多くの商人や職人が集住していた。この津島湊と天王川で接続する勝幡を居城とすることで、織田家は津島を経済基盤とすることになったのである。この津島との強い繋がりこそが、やがて信長の新城造営の基盤となっていく。

記録に見る勝幡城の姿

勝幡城は、三宅川と日光川が合流（合流後、天王川と総称）する微高地を利用し築かれていたことが絵図等から判明するが、現況は宅地化の波によって石碑が立つのみで、往時の構造すらはっきりしない。これは、江戸時代に行われた尾張藩の治水工事で萩原川を大規模に掘削し、日光川の流れを変えたためで、これにより勝幡城のほぼ中央部を川が通過することになった。

城の規模や構造を伝える資料は少ないが、『尾陽雑記』に〈東西四十八間、南北七十間、大手口東西二重堀、四方に惣掘有、惣構の外南北百二十間、東西百十四間〉とあり、蓬左《ほうさ》文庫（名古屋市／主に尾張徳川家の旧蔵書を所蔵）に「中島郡勝幡村古城絵図」が伝わる。絵図では、本丸は東西二九間、南北四三間、幅三間の方形土塁と記され、東西各一ヵ所ずつ虎口《こぐち》が見られる。両記述は、規模こそ異なるものの本丸は土塁囲みの方形で、その外側を二重の堀で囲み、三宅川が外堀の役目をはたし、出入口は東西に一ヵ所ずつと、その姿は共通している（一間は、約一・八メートル）。

勝幡城は平地に築かれた平城で、いざ戦闘局面になった時の防御に難点があった。そのためか、方形の本丸四方に幅広で高い土塁を設け、南西隅に櫓を配置、他の三方隅は外側を方形に張り出させ、横矢を掛ける工夫が見られる。虎口は、土塁を割っただけの単純な平入虎口であるが、前面に配置された土橋の距離が長く、内部からの攻撃がしやすくなっている。低い防御性をカバーするために、堀幅は最大約三〇メートルと広く、北西側を三重、北・西・南は二重とし、東側は蛇行し西へと流れる三宅川を天然の堀としている。

これは、木曾三川河口部を所領とした尾張下郡の特殊性で、丘陵地形がないために「館」をして城とせざるを得なかったためと理解される。

山科言継の来訪と滞在

現在、河川改修によってほとんど原形が失われた勝幡城であるが、天文二年（一五三三）にここを訪れた山科言継《やましなときつぐ》は、〈城之内新造ニ移候了、未徙移之所也、驚目候了〉と、新造の御殿が未使用で見事な出来栄えに驚かされたと『言継卿記』に記録している。

言継は、公家で蹴鞠の大家として著名な飛鳥井雅綱とともに二〇日間ほど尾張に滞在し、毎日の出来事を記録に留めている。それによると、信秀等織田氏一族は毎日のように訪れ蹴鞠を習い、多くの武士たちが雅綱の門弟となっている。また、〈夜入構ノ橋上にて月見候〉とあり、月見の酒宴や和歌会を開いたことも記されている。これらの記載から、少なくとも蹴鞠が行える庭、和歌会を催せるだけの庭付き御殿が存在していたことも判明しよう。

言継は、守護や守護代という実力者だけでなく、家臣の屋敷に行くこともあった。後に信長の傅役《もりやく》となる平手政秀の屋敷を訪ねた際には、屋敷配置やその出来栄えに驚かされ、なかでも「数寄之座敷」は特に素晴らしいと記録する。催された酒宴では、子供たちが音曲を奏で大変素晴らしかったと褒めちぎっている。ここで注目しておきたいのは、笛の奏者が津嶋（津島）から来ていることで、信秀と津島の強い関係が看取されよう。

藤原北家の分家である山科家の言継は、当時、朝廷財政の建て直しを図るために各地の大名を訪問し、献金獲得に奔走していた。織田家訪問もその一環であった。落魄《おちぶ》れたとはいえ、朝廷の財政の最高責任者である。当然迎える側も最高の待遇で迎えたはずで、家臣の平手政秀の居宅までもが、上位公家層を接待できる程度の構えをしていたことが想定されるのは興味深い。地方においては、守護のみならず、在地領主である国人や有力家臣層も守護館の構造を踏襲して居館を築くようになっていたことを物語る記載である。

これは、織田家が守護・斯波氏と同じような形態の居館を構えることによって、領主権力の正当性を誇示したことに他ならない。

勝幡城から古渡城、そして末森城へ

天文三年（一五三四）、織田信秀は古渡城《ふるわたり》（名古屋市中区）を築き、居城を移転する（築城年には異説有り）。相前後して、今川氏豊から奪取した那古野城に信長を城主として入れることになる。信長の那古野入城についても諸説があり、現在は天文七年説が有力視されている。
信秀の居城移転は、東三河侵攻を睨んだもので、五年後には安祥城《あんじょう》を攻略、尾張における確固たる地位を確立した。古渡城の構造ははっきりしないが、東西一四〇×南北一〇〇メートルほどの平城で、二重の堀に囲まれていたという。基本的には、尾張特有の地形を生かした勝幡城とほぼ同様の構造であったと考えられる。信長は、ここ古渡城において一三歳で元服し、「三郎信長」を名乗ることになる。

信秀の勢力拡大に伴い、三河進出を進める駿河守護今川義元と衝突することになり、信長の初陣も対今川戦であった。また、西隣の美濃・斎藤道三との抗争も激化、たびたび美濃へも出兵している。新興の織田家にとって美濃・三河二国を相手にすることは重荷で、常に挟撃の危険が付きまとうこととなった。

天文一七年（一五四八）には、美濃に侵攻中の信秀の留守をねらい、清須の守護代織田信友配下の坂井大膳らが古渡城下へと攻め寄せている。この危険性を避けるため、信秀は美濃の斎藤道三との講和を模索。双方の利害が一致し、同年道三の娘・濃姫が信長に嫁ぐことになった。

同盟締結により西からの脅威を取り除いた信秀は、古渡から末森城（末盛城／名古屋市千種区）に居城を移転する（図0－2）。『信長公記』によると、〈去るほどに、備後殿古渡の

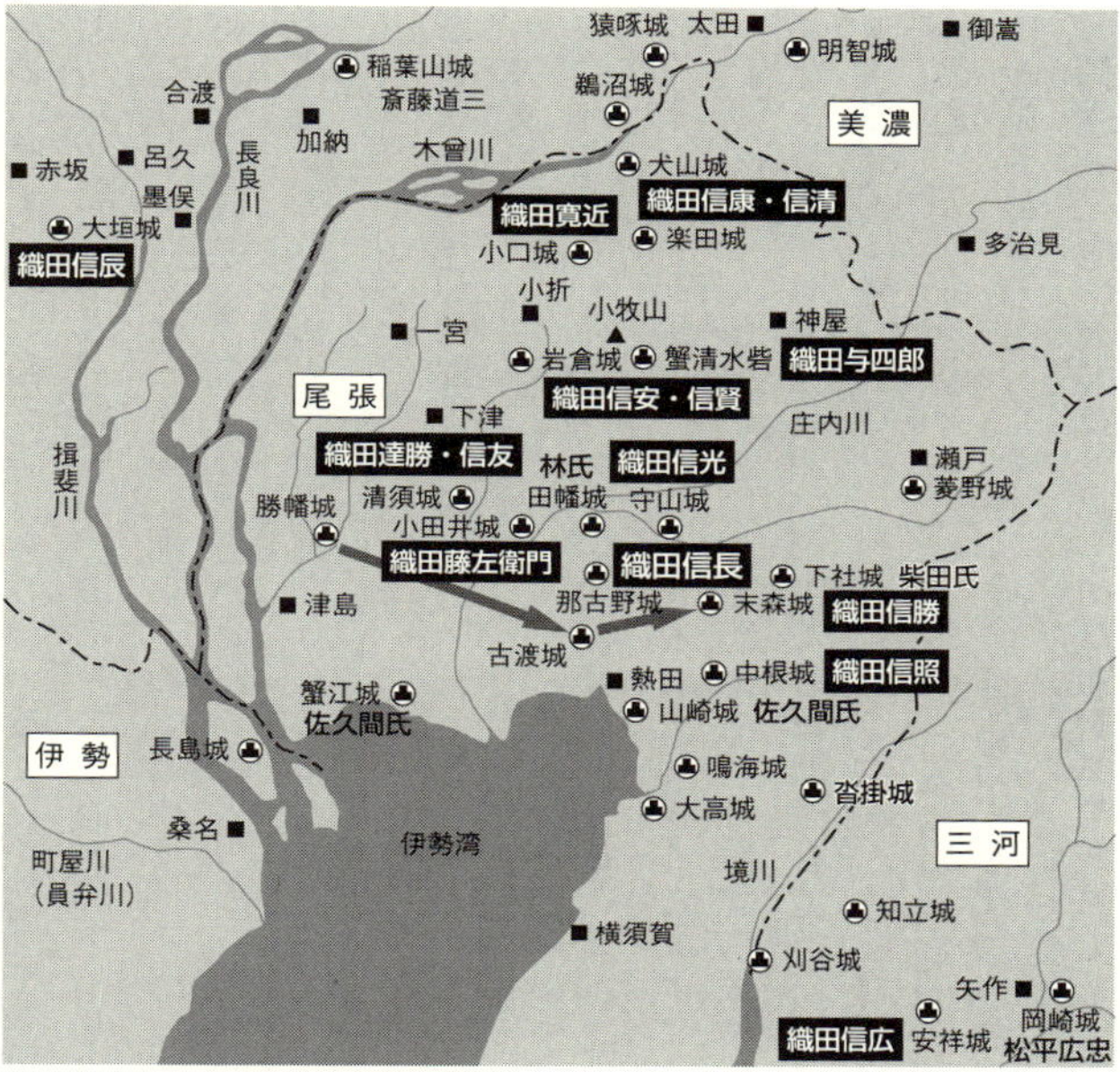

図0-2　尾張主要城郭位置図

城破却なされ、末盛と云ふ所へ山城こしらへ、御居城なり〉とある。この移転は、三河侵攻のための利便性を考えたものではあるが、より敵方（三河・松平氏と駿河・今川氏）の攻撃を受ける可能性も高まったことにもなる。

　そのために、東山台地が矢田川に開析されて生じた舌状丘陵の南端部に選地された。末森の比高は約二〇メートル（標高約四四メートル）であるが、南尾張では珍しい平山城であった。城は、中央に主郭、北と西にそれぞれ曲輪が配置され、主郭北西下には出撃のための馬出《うまだし》状の曲輪が設けられている。「愛知郡末盛村古城絵図」(蓬左文庫蔵)では、城域東側の一部に土塁が見られ、東に対する備えがあったことが判明する。

こうして信秀は、尾張支配を進める過程で、その居城を勝幡から那古野、そして古渡、末森と移転し、出撃の利便性を講じていた。この度重なる信秀の居城移転は、その後の信長による築城術に大きな影響を与えることになる。

家督相続と信長の那古野城

天文二〇年(一五五一)、父・信秀が突如流行病にかかって死んでしまう。家督は、二人の兄が庶兄であったため、三男の信長が相続した。弟勘十郎信行(信勝)は末森の城を与えられ、柴田権六・佐久間次右衛門らの家臣を伴いここに入城している。

信秀の死を契機に、織田弾正忠家一族の確執が表面化し、敵対行動を起こす者もあらわれた。また、有力在地領主の中にも反旗を翻す例があった。信長は適宜対応しつつ、尾張国内で確実に勢力を保持していく。この間、傅役の平手政秀の諫死《かんし》、富田正徳寺での舅・斎藤道三との会見など「尾張の大うつけ」と呼ばれたエピソードが『信長公記』等の記録に散見される。

信秀死後も、信長は一貫して那古野城を居城として利用し続けた。那古野城の中心は、現在の名古屋城二ノ丸から三ノ丸北部周辺と推定され、三ノ丸に城下が広がっていたことが発掘調査成果等から指摘されている。位置的には、信長の支配範囲のほぼ中間点にあたり、領内各地に転戦するには利便性の良い土地であった。

また、那古野の地は名古屋台地の北西端部に位置し、防御性にすぐれた地でもあった。信秀の居城末森城は、対三河を想定した城で東に寄りすぎていたことが、信長が入城しなかった理由であろう。信長の那古野城主要部伝承地は、現在、完全に近世名古屋城の郭内に取り込まれてしまったため、直接城の姿を偲ばせる遺構は見られない。

だが、勝幡城や古渡城の状況から推定すれば、信長の那古野城は、名古屋台地の北西端部を利用し、両城と同様の方形館であった可能性は高い。これは、室町以来の伝統的な守護館を踏襲したもので、この時点で信長の革新性は見られない。信長居館を中心に、南西方向に屋敷地を拡張し、一六世紀中頃以降は、さらに熱田から稲生《いのう》へと続く街道沿いに屋敷地が拡大していったと思われる。

なお直接、城の姿形を伝える史料はないが、『東国紀行』によれば、天文一三年（一五四四）、連歌師の宗牧《そうぼく》が勅使代理として後奈良天皇の奉書（禁裏修理の費用を進上したことへの感状）を持って那古野城を訪れている。宗牧は重臣平手政秀の丁重なもてなしを受け、翌日、那古野城で上機嫌の信秀と対面し、宸翰《しんかん》の女房奉書と古今和歌集を授けたと記す。この記録を見る限り、少なくとも那古野城には、天皇の勅使代理と対面可能な施設が設けられていたことになる。

第一章　守護所・清須への入城

尾張守護斯波氏と守護代織田氏

天文二三年（一五五四）、信長の運命を左右した一大事件が勃発する。尾張守護斯波義統《よしむね》の子義銀《よしかね》の留守をねらって、守護代織田彦五郎信友とその家臣で小守護代の坂井大膳が清須の守護館を攻め、義統を自刃に追い込んだのである。

織田信友はそのまま清須館へ入城。館へ戻ることができなくなった義銀は、信長を頼って那古野城へ逃げ込んで来た。義銀を庇護したことで、信長は守護館奪還のための大義名分を得たのである。

清須に入った信友は、信長方の勢力分断をねらい、清須・那古野とならぶ尾張の要地・守山城の織田信光（信秀の弟）を懐柔しようと守護代就任を約し、清須城へと呼び寄せた。しかしこの時点で、すでに信長と通じていた信光は、清須館へ入ると城中で兵を起こし、信友を切腹に追い込み、坂井大膳を追放した。信長は自ら清須城へと入り、信光を那古野城へと移している。併せて、守山城には織田孫十郎信次が入るが、やがて信長に逐われて出奔し、代わって庶兄が城主となっている。

清須攻め最大の功労者・信光であったが、那古屋城へ入ったのち、突如死亡している。『信長公記』には、〈不慮の仕合出来して孫三郎殿（信光）御遷化。忽ち誓帋《せいし》の御罰、天道恐哉と申しならし候キ。併《しかしながら》、上総介殿（信長）御果報の故なり〉と記され、死因等詳しいことには触れられていない。そのため、尾張統一を進める信長が、邪魔になる信光を排除したというのが真相と言われる。

いずれにせよ、信長は守護所清須へと入城したものの、未だ尾張国内の政情はかなり不安定であった。弘治二年（一五五六）、末森城の弟・信行が、宿老林秀貞・柴田勝家とともに信長に反旗を翻す内乱を起こす。数的劣勢に立たされた信長軍であったが、小田井《おたい》川の戦いで勝利、そのまま末森城を包囲した。この時は、末森城内にいる母・土田御前の懇願にあい信行を赦免したが、翌年再蜂起すると、計略を以て信行を清須に招き、謀殺した。永禄元年（一五五八）には、尾張上四郡を領す岩倉城主織田信賢が美濃の斎藤義龍と謀り反抗するも、すぐさま鎮圧している。

こうして織田家内部の反乱分子を次々と制圧した信長は、尾張の大半を掌中におさめたのである。

翌年、注目される出来事があった。信長が上洛して時の室町将軍義輝に謁見したのだ（永禄四年上洛説もある）。信長の上洛目的は、尾張統一を報告し尾張守護職就任の拝命であった。『清須合戦記』には、〈信長上洛シ、将軍家義輝公へ参勤ヲ遂、尾張守護職ヲ拝セラル、是ヨリ尾張ヲハ一円ニ進止アリケルソ、目出度アリケル〉とあり、この時点では室町将軍家の権威を後ろ盾とし、尾張一円支配を行おうとしたことが判明する。

当然、信長の居城清須城も室町将軍家から認められたことを内外に示す仕様であったと推定される。清須居城時代の城は、信長の独創性は発揮されておらず、他国守護と同様の体裁だったのである。

守護の居館

室町時代の守護大名のほとんどは任地へ赴くことなく、都で生活するのが常であった。だが、応仁・文明の乱が勃発すると、戦乱が続き荒れ果てた京都から任地へと下向するようになる。任地下向した守護の居所は「守護所」と呼ばれ、ほとんどが方一町（約一一〇メートル四方）であった。

全国各地に築かれた守護所の構造は、室町将軍の居館（花の御所）を模したもので、地方に都の将軍御所と同様な居所を築いて居住することこそが、室町幕府の権威を後ろ盾に地方を統治することの証であった。将軍邸と同様の居所によって、守護の権力を在地に認めさせようとしたのである。

それでは、室町将軍の御所とはどんな姿かたちであったのだろうか（図1－1）。

永和四年（一三七八）、三代将軍足利義満は、崇光上皇の御所跡と菊亭の焼失跡を併せた

図1-1　「上杉本　洛中洛外図屏風（左隻）」の公方邸（部分、米沢市上杉博物館蔵）

東西一町×南北二町の敷地に足利氏の邸宅を造営した。この邸宅は「上御所《かみごしょ》」「室町殿」と呼ばれ、御所の二倍にもおよぶ規模を有していた。「日本国王」と称された義満は、一条大路の北に邸宅を構えることで、中国で言うところの「天子南面」を想定し、天皇の権威に対する一大デモンストレーションを意図したとも言われている。

その規模は、〈室町殿は東西行き四十丈、南北行き六十丈の御地なり〉と『大乗院寺社雑事記』に記録される。内部には、会所、観音殿、持仏堂、亭、寝殿などがあったと『蔭涼軒日録』は伝える。

また、永享九年（一四三七）の後花園天皇の行幸記から、四足門・中門・寝殿・台盤所・御湯殿・常御所《つねのごしょ》・夜御殿などがあったことが判明する。庭内には鴨川から水を引き、各地の守護大名から献上された花木を植え、四季折々見事な花を咲かせたため「花の御所」と総称されることになる。発掘調査では、屋敷境に廻らされていた堀跡や、広い園池、庭の見映えをよくするために配された巨大な景石群などが検出されている。

「花の御所」をはじめとする室町幕府の館は、公式の場（ハレ）と日常生活の場（ケ）とに大きく分かれていた。ハレの場は、儀礼や祭、年中行事など、特に正式・公式な対面行事が催される建物を置き、その奥に館主の普段の生活空間が営まれることになる。ハレの場の中心建物が寝殿（武家社会では主殿）で、館の中心施設として重要視された。

これに対し、ケの場の中心は、常御所と呼ばれる主のための居住空間で、私的な生活空間であり、庭も併設されていた。普段の生活の場であるため、台所や湯屋、宗教的な施設である観音殿、持仏堂なども置かれている。

任地へ下向した守護たちが築いた守護所もまた、花の御所を模倣したものであった。各地に構えられた守護所も、発掘調査の進展で、徐々にその姿が判明しつつある。

周防の大内氏の最盛期の居館規模は、東西一六〇×南北一七〇メートル以上を誇る方形館で、内部には将軍邸を模した建築群、南東部に泉池庭園、北西部に枯山水庭園、さらにもう一ヵ所の庭園の存在も確認されている。初期の館は、溝と堀で囲まれる程度であったが、一五世紀中頃には空堀と土塁を設け、防御機能を拡充。館は、大内氏の領土拡大に伴い最低五回の増築を繰り返していた。

甲斐の武田氏館（躑躅《つつじ》ヶ崎館）は、堀と土塁に区画された二町（約二一八メートル）四方ほどの館で、甲斐守護職武田家当主の屋敷と政庁としての機能を兼ね備えた空間と考えられている。武田氏時代の館は、「信玄公御屋形図・伝来之絵図」によれば、大手（東側の門）に向かって主殿・本主殿・常御座所が建ち並び、泉水・築山が配されていた。やはり、花の御所や足利義政が築いた東山殿との類似性が指摘されている。

戦国期に入ると、在京の守護大名の館、任地に下向した守護たちが築いた守護所だけでなく、地方で権力を保持した在地領主層までもが「花の御所」をモデルにした館を建設するが、これは領主権力の正統性を誇示したものに他ならない。いわゆる室町政権の後ろ盾を得ているとか、認められた政権であることを示す行為であった。

清須城の歴史

現在、清須は「清洲」と表記されるが、中世段階は「清須」と文献に登場してくるため、ここでは清須を使用する。清須は、尾張国の中心部に位置し、鎌倉往還と伊勢街道が合流する交通の要衝であった。鎌倉往還は、当時の尾張守護所下津《おりづ》と港湾都市萱津《かやづ》とを結ぶ道である。また、中山道への連絡も容易で、中世以降重要視されてきた。

清須城は、応永一二年（一四〇五）、斯波義重によって守護所の別郭として築かれたと伝わる。文明八年（一四七六）、守護代織田氏の内紛により守護所下津が焼失。その後、織田敏定は尾張守護所を清須に構えることとし、文明一〇年（一四七八）までに移転。これにより清須は一気に発展し、尾張の中心地となった。弘治元年（一五五五）、信長が入城、やがて尾張一国を統一し、永禄六年（一五六三）に小牧山へ拠点を移すまで在城することになる。

小牧への居城移転により、一時清須も衰退したようだが、天正一三年一一月二九日（一五八六）に発生した天正地震を契機に、次男信雄《のぶかつ》が清須城と城下町の大改修を実施し、再び繁栄を取り戻す。その後、豊臣秀次、福島正則、松平忠吉、徳川義直が城主となるが、いずれも短期間で交代している。

そして慶長一四年（一六〇九）、徳川家康は手狭になった清須から名古屋の地へ義直の居城を移すことを決定。同一五年、家臣、町民のみならず、神社三社・仏閣一一〇寺、城下の町屋約二七〇〇戸のほとんどを強制移転する「清須越し」が実施された。

織田信雄の清須城

前項で述べたように、天正一三年（一五八六）、東海地方を中心に天正地震が発生し、各地に甚大な被害がもたらされると、信雄はそれを機に、織田家の本貫地清須の地に再び城を築いた。信雄の新城は、五条川右岸に選地し北から北曲輪、本丸、二ノ丸と一列に配し、本丸には天守が建造されたことが、「尾州清洲之古城」「尾州清洲之城図」や蓬左文庫所蔵の「春日井郡清須村古城絵図」や発掘成果等から推定される。

信雄は、五条川の流れを東に付け替え、その西側に総石垣で囲まれた本丸と二ノ丸を造成、周囲には五条川の水を取り込んだ内堀が廻らされていた。本丸西辺の内堀は、実に幅四〇メートルほどの規模を誇っていた。本丸北側には、本丸に匹敵する規模を持つ北曲輪、さらに堀を挟んだ西側に樹木屋敷が配されていた。これら城郭中枢部を取り囲むように中堀が廻り、さらにその外側に、外堀が廻る構造である。この中堀と外堀の間に、町屋や寺院が配されていた。なお、城域の北から南に蛇行しながら流れる五条川は、天然の堀として、巧みに城域に組み込まれている。

城下町は、中堀に囲まれた城の西側に重臣たちの屋敷地、五条川を挟んだ対岸が武家地、その外側外堀に囲まれた区域には、主要道に沿って短冊形地割の町屋が展開し、縁辺部に寺院が配置されていたことが推定されている。

信雄改修前の清須城

天正地震および信雄による大規模な改修があったために、それ以前の清須の状況をはっきりと掴むことができていない。だが、城下町で実施された数度の発掘調査結果や数少ない文献記録から、ある程度の推定は可能である。

信雄築城以前の清須城（守護館）は、もっとも地盤が安定していた五条川の東岸に形成された自然堤防上に位置していた。居館は約二〇〇メートル四方の方形館、あるいは二重の堀で囲まれていたと想定される。守護所を廻る堀からは、対面儀礼や会所での宴会の際、酒を飲むための皿として利用されたカワラケが大量に出土している。

守護所の南北には三〇〜五〇メートル四方の規模を持つ区画が確認され、ここが有力家臣の屋敷地とされる。侍屋敷は碁盤の目状の地割（方格地割）で普請され、ある程度の規格を持って配置されてはいるが、後の城下町のような計画配置にまではいたっていない。城下への集住はなく、定期的に開催される「市」を中心に商業活動が行われていたようである。市は、山王社（現・日吉神社）や愛宕社に代表される神社の門前だけでなく、五条川左岸の河川敷にも展開していたと想定されている。

信雄による築城以前の清須の街は、守護所を中心に侍屋敷が広がる区域と、神社や川湊で定期的に開かれる市の周囲に広がる商業地という二ヵ所に分かれ成り立っていた。清須の街を通る主要道は鎌倉街道で、その他那古野、津島、小牧、萱津などへと続く街道が交差する交通の要ともなっていた。守護所は街道を押さえ、商業地は街道を利用し発展したため、両者は極めて近い位置に存在していたが、それぞれ単独で機能を果たしており、意図的、計画的に配置されたとは考えにくい。

侍屋敷地は、碁盤の目状の配置が推定されるため、ある程度守護権力が介在し配置したとも思えるが、各屋敷の築造はあくまで個人によるところが大きく、それぞれ堀や土塁によって防備を固めていたのである。

信長の清須入城

先述の通り、信長は弘治元年（一五五五）、那古野城から尾張守護所の清須城へと入城する。これは、守護代織田信友に代わり、信長が尾張支配を進めるということを内外に示すためであった。領有権の継承や簒奪《さんだつ》があった場合、もっともわかりやすいのは、前支配者の居城へ入城することで、これにより権限の移譲を内外に知らせることができた。尾張一国支配を進める上では、欠くことのできない通過儀礼である。

清須へ入城した信長は、従来の城を大きく変えることはなかった。変えないことで領主権力のスムーズな移行を示そうとしたとも、あるいは大幅改造をするまでの権力の集中に

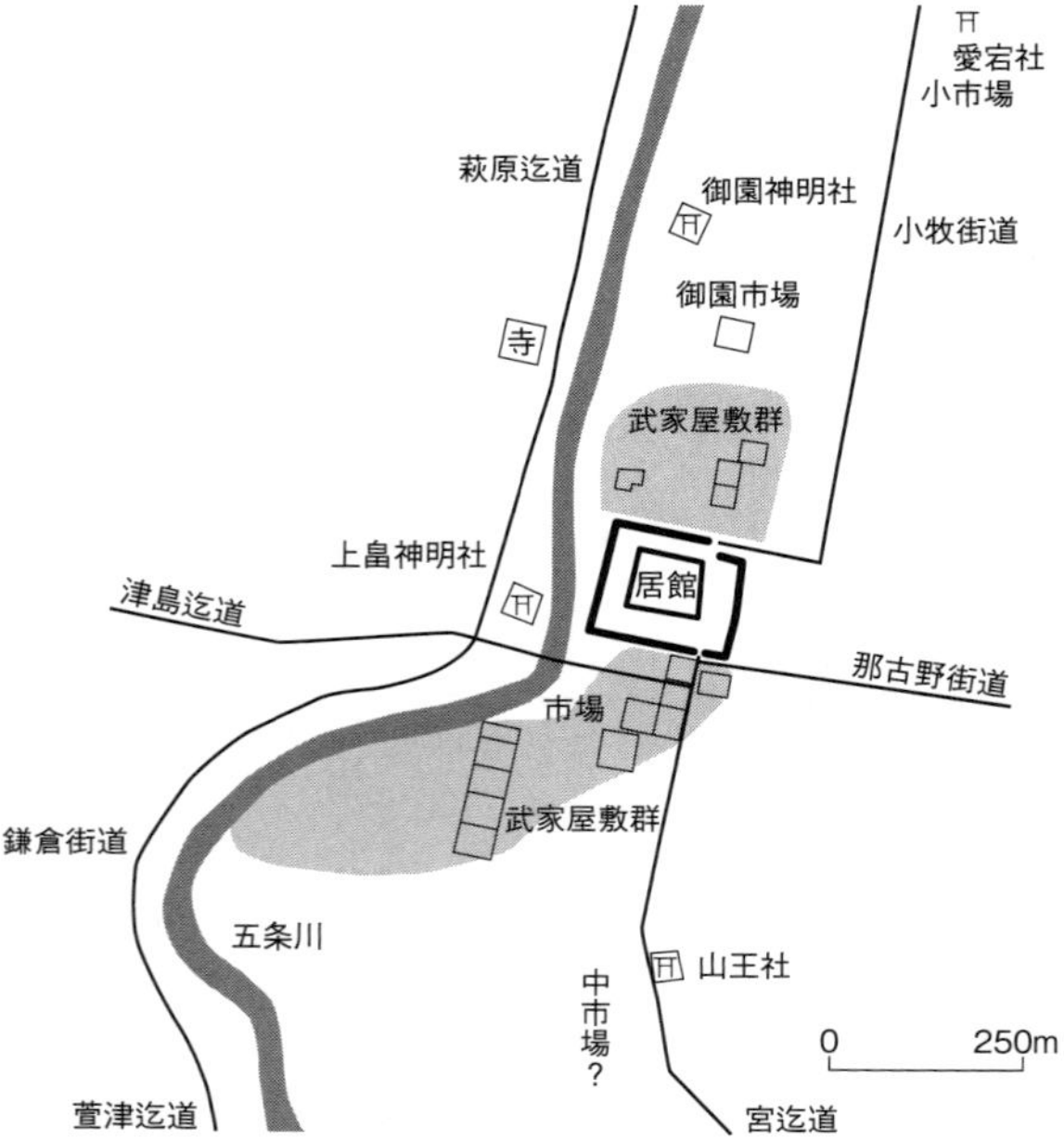

図1-2　前期の清須城と城下町想定復元図（鈴木正貴「清須城」『天下人の城』風媒社2012より）

至っていなかったとも考えられる。

　信長は、弘治元年から永禄六年（一五六三）までの約八年間を清須で過ごしているが、『信長公記』には新たな居所に移ったとか、新邸を築いた等の記録はなく、その他史料にも見られない。発掘調査によって、二重の堀に囲まれた約二〇〇㍍四方の方形館が信長居所と推定されている（図1―2）。往時の清須城内には、どのような建物があったかははっきりしないが、花の御所を踏襲した御殿建築が立ち並ぶ姿であった可能性は高い。『信長公記』には、清須城に関して次のような存在等が記録されている。

①　木戸で固められた惣構《そうがまえ》
②　外曲輪
③　南櫓（矢蔵）
④　北櫓（屋蔵）
⑤　天主（殿主）次の間
⑥　専任の武将が守る狭間（櫓か塀か）
⑦　四方を囲む屋根がある建物
⑧　御殿
⑨　溺れ死ぬほどの深さを持つ水堀

これらを参考に清須城の姿を考えてみたい。惣構（町口大堀とも総称された）で囲まれた外郭が存在し、山王口等街道から続く重要点は木戸によって守られていた。二〇〇メートル四方の規模を持つ城（館）は、二重の堀で囲まれ、内堀は幅七～一〇メートルの深い水堀となる。

内部は、花の御所をモデルにした建物が御殿を中心に軒を連ね、周囲を塀で囲い込み、隅角には櫓が配されていた。塀に沿って、あるいは塀に代わって多門櫓状の建物となる箇所も認められる。南櫓（矢蔵）、北櫓（屋蔵）と呼ばれる建物があったとされるが、信光や信長が移り住んでいることから、南屋敷、北屋敷と理解すべきであろう。

また、南矢蔵には、「天主次の間」が存在していたことが確実だが、この時期天守は存在しないため、別の建物ということになる。天守風の建物とする向きもあるが、むしろ殿主と理解すべきで、南矢蔵は殿主（御殿建築）を持つ建物と考えられる。

清須城は、発掘調査によって二重の堀に囲まれていたとされる。中心部に守護館を置き、その北と南に屋敷が並存していた可能性は、敷地面積からしても考えにくい。『信長公記』には、〈武衛様国主と崇め申され、清洲の城渡し進せられ、信長は北屋蔵へ御隠居候なり〉とある。元の主が本丸御殿を退去して隠居する場合は、主要曲輪から別の曲輪の御殿へと退くことが多い。文字通り理解すれば、国主である斯波義銀（武衛様）に本丸御殿を進呈して、自らは北屋敷（北屋蔵）へ移ったことになる。

信長が勘十郎信行を招き暗殺した「天主次の間」というのは、天守風の建物の次の間ではなく、殿主の次の間、つまり対面所の前室と思われる。

信長の移った屋敷もまた、花の御所を模した伝統的建築であった。「北屋蔵」を「北櫓」と理解するか「北屋敷」と理解するかで、その性格は大きく異なってしまう。『信長公記』の〈信長は北屋蔵へ御隠居候なり〉を文字通り解釈すれば、隠居（居を移す）したのが櫓なのか屋敷なのかは論ずるまでもあるまい。

信長段階の清須城は、石垣が使用されない未だ中世的な土造りの城で、その城下もまた町屋や商業地が集団配置されず、あちこちに点在する旧態依然とした姿であった。そもそも、清須に守護所が置かれたのは、尾張国のほぼ中央部に位置し、交通の要衝であったがためである。守護所の西横を流れる五条川の河川交通は完全に掌握していたが、主要街道である鎌倉往還は川の西岸を南北に貫いていた。そのため、ここを通る流通の完全掌握までには至っていない。

尾張全域をほぼ手中にした信長ではあったが、その中世的な館構造を見る限り、室町将軍権力を後ろ盾とせざるを得なかったのであろう。また、家臣の統制を推し進め、軍役を課す等のシステムも確立はしていなかった。城下町も未発展で、街道を始めとする流通の掌握も不十分であり、寺社等は変わらず旧来の特権を維持していたと思われる。この旧態依然とした守護所（清須の街）からの脱却こそが、信長がめざした次へのステップである。

桶狭間の戦いで今川義元を倒し、尾張を完全に掌握した信長は、いよいよ自らの手で初めての城を築くことになる。

第二章　すべては小牧山城から始まった

清須から小牧へ

永禄三年（一五六〇）、桶狭間において今川義元が敗死。わずか二千余の信長勢が、二万五千余もの軍勢を率いて尾張に侵入した今川勢を打ち破ったのである。合戦後、今川氏の脅威が去ったため、信長は西へ向かって領土拡張に乗り出すことになる。

くしくも隣国美濃では、舅・道三を討ち取った斎藤義龍が病死し、嫡男龍興が跡を継いでいた。信長は、国主交代の混乱に乗じるように、何度も出兵を繰り返す。また、知多半島や岩倉織田氏も攻略、永禄五年（一五六二）には尾張を完全に掌握した。

同年、織田・徳川同盟が成立。信長は完全に東からの脅威を取り除いたことになり、美濃・伊勢進出に専念することが可能となった。

尾張支配を実現させ、徳川との同盟を締結した信長は、次なる一手として尾張の首都機能移転を実施する。『信長公記』には、〈或時、御内衆《おうちしゆ》悉く召列《めしつ》れられ、山中高山二の宮山へ御あがりなされ、此山にて御要害仰付けられ候はんと上意候て、皆々家宅引越し候へと御諚候て、爰の嶺かしこの谷合を誰々こしらへ候へと御屋敷下さる〉と記され、さらに〈又、重ねて御出であつて、弥《いよく》右の趣御諚候〉とある。御内衆は、重ねての命令であり、こんな山中に清須から引っ越すのはとても大変なことだと、大いに迷惑がった。

図2-1　小牧山城遠望（小牧市教委提供）

だが、しばらくすると〈小牧山へ御越し候はんと仰出だされ候〉と信長の変意が伝わる。小牧山へは麓まで清須から川が続き、家財道具を運ぶのにも便利であったため、皆々喜び勇んで引っ越したというのだ。

二宮山（愛知県犬山市本宮山《ほんぐうさん》）は清須の北東約一八キロメートルの美濃国境近くの高山（標高約二九二メートル）であるのに対し、小牧山（図2－1）は標高約八六メートルで清須の北東約一一キロメートルと近く、五条川とは河川交通で結ばれていたのだから、御内衆が喜んだのも当然だろう。

もっとも、当初から小牧山移転こそが信長のねらいであった。だが、最初から本命の小牧山移転を告げれば、辺鄙で片田舎であるため、必ずや反対者が出ることを見越し、より不便で山深い二宮山移転をまず命じたのである。当然、ほとんどの家臣たちは「不便この上もなし」と不平を漏らしたわけだが、そこへ突然小牧山への移転先変更が告げられると、家臣たちは、片田舎ではあるが二宮山に比べれば天国とばかり、喜び勇んで引っ越しに精を出したという。これこそが、『信長公記』にある、〈奇特なる御巧これあり〉である。清須の町は、尾張のほぼ中央に位置し富裕な土地柄であったため、小牧の片田舎への移転について信長は「特別な計略」をねっていたのだ。

なお、「内衆」とは家来、奉公人のことで、先述の通り『信長公記』には、〈御内衆悉く召列れ〉と記されており、二宮山にはすべての家来・奉公人を連れて行ったことがわかる。こうまでして小牧山移転を断行したことに、信長の並々ならぬ決意が感じとれよう。

前章で触れたように、弘治元年（一五五五）、清須に入城した信長は、従来の構造を大きく変えることはなかった。未だ尾張の完全統一には至らず、東から今川氏の脅威にさらされてもいたからだ。清須城の大改修をする余裕はなかった。しかし、信長の行動を見る限り、当初から尾張統一後の移転を考えていたとしか思えない。事実、尾張統一とともに、小牧山移転を打ち出している。何年も前から、周到な計画を練って、家来たちの反対にあわない方法が〈奇特なる御巧これあり〉であった。

では、清須から小牧山への首都機能移転のねらいを考えてみたい。

小牧築城後、わずか四年で美濃攻略が成ったため、美濃攻略の拠点とするためと後世言われている。だが、移転を決意した信長は、わずか四年で美濃が我が手の中におさまるとは思ってはいなかったはずである。確かに、美濃を攻略するための拠点とすることも大きな理由であろう。しかし最大のねらいは清須の町に根を張る、中世以来脈々と続く旧体制の特権からの脱却であった。

信長は、永禄二年（一五五九）に上洛して将軍義輝に面会し、守護公権の後ろ盾を利用しようとしている。翌年の桶狭間合戦に際しては、清須城内に集まった家老衆が、迫り来る今川義元への対応について、信長の裁断を仰ごうとしていたことが『信長公記』に記載されている。この時点で、信長が有力国衆などを統制し、家臣団を構成していたことが判明しよう。

また、鷲津・丸根・善照寺の各砦に有力諸将を入れていることからも、家臣の統制を強化し、領国内において軍役を課すシステムが確立されつつあることもわかる。舅・道三の死後、ほとんど成果を挙げることのないまま、美濃への出兵を繰り返すが、度重なる出兵が可能だったのも、信長の統制が進んでいた結果であろう。

だが、桶狭間合戦の記録を見ると、鷲津・丸根両砦が攻撃されていることを聞きおよんだ信長が、単騎出陣した時に後を追ったのは小姓衆わずか五騎であったとされる。熱田に着いた時点でも、騎馬六騎と雑兵二〇〇人ほどでしかなかった。その後、善照寺砦で将兵が結集し、陣容が整うのを待つことになる。二万五千余という未曾有の大軍である今川軍が領内に侵入しているにもかかわらず、迅速な兵力結集ができない現状を、信長はもっとも憂えたのである。

二千余ほどの信長軍がこの大軍を撃破するには、義元本陣を奇襲し、義元を倒す以外に方法はない。ところが、清須在城段階の信長家臣団は、清須に屋敷を持つものの、普段は領内にそれぞれが居所を持ち、そこを根拠としていたため、いざ合戦となっても守護所清須に参集し、信長の下知《げじ》を待つほかなかった。その時信長は、迅速な兵の結集と行動の必要性を強く感じ、旧来の守護所では対応できないことを痛感したのだ。

二宮山へ家臣を引き連れて行った際、〈爰の嶺かしこの谷合を誰々こしらへ候へと御屋敷下さる〉と屋敷地の地割を命じている。これこそが信長のねらいであって、自らの考え通りに家臣たちの屋敷を配置し、戦闘に備えようとしたのである。

信長の城を中心に、その山麓に家臣屋敷を設け、兵力の迅速な結集と行動を可能にすること——中世的な家臣の散在居住ではなく、大名の城を中心とし家臣が集住する後の城下町の嚆矢が、ここに誕生しようとしていた。

小牧山の地形と歴史

小牧山は、濃尾平野の中に浮かぶ島のような、ただ一つの独立丘陵である。標高約八六メートル《メートル》、総面積約二一ヘクタール《ヘクタール》の岩山で、山頂からは濃尾平野が一望の下であり、隣国美濃の拠点稲葉山城への視界も開けている。西側を五条川（巾下川《はばした》と矢戸川が合流）が流れるため、小牧山との間は河岸段丘であった。山の南側は、ほぼ平坦な洪積台地が広がる。

信長の築城以前の小牧山には、宗教的な施設があったと考えられている。西側麓から中腹にかけて中世山岳寺院も存在したとされ、信長の入城直前まで機能していたようである。信長は永禄六年（一五六三）に築城工事を起こし、同一〇年から岐阜に移り住むが、町場は規模が縮小するものの残された。

その後、天正一二年（一五八四）に秀吉軍と信雄・家康連合軍による小牧・長久手合戦が勃発すると、家康は小牧山へ陣を敷く。連合軍は、ここを本陣と定め、大規模な改修工事を実施した。両軍は砦網を構築しあい、双方ともにうかつに動けない状況となり小規模な小競り合いはするものの、膠着状態に陥ってしまう。

やがて、長久手において秀吉軍の別働隊と徳川軍が衝突、秀吉軍は池田恒興・元助父子、森長可《ながよし》等の有力武将が戦死、徳川軍が勝利をおさめた。一方、伊勢方面では信雄が苦戦し、所領を半分以上占拠されると、秀吉から尾張安堵等有利な和睦案の提示を受け、信雄は単独和睦を結んでしまう。大義名分を失った家康は兵を引かざるを得なくなり、ここに戦は決着を見た。

この後、小牧山は六年間ほど織田信雄領となり、次いで福島正則が領すことになる。関ヶ原合戦後は松平忠吉（家康四男）が領すが、慶長一二年（一六〇七）に病没したため家康の九男義直が入城し、尾張徳川家の藩祖となった。尾張徳川家の下では、天下取りのきっかけとなったのが小牧・長久手合戦の勝利との評価から、ここを禁足地とし麓に柵をめぐらし、番人を置いて一般の入山を禁止した。元和九年（一六二三）、上街道《うわ》（中山道と名古屋城下を結ぶ脇街道）整備のため、南山麓の町を東に移転させ、移転先を小牧宿とした。

明治を迎えると官有地、県立公園を経て、明治二二年（一八八九）再び尾張徳川家の所有するところとなった。昭和二年（一九二七）国の史跡指定を受け、一般公開され、昭和五年に徳川家が小牧町に寄贈、以後公園として利用された。昭和四三年（一九六八）山頂部に小牧城（現・小牧市歴史館）を建設。近年は史跡整備のための発掘調査が継続的に行われている。

小牧築城

信長の築いた小牧山城（図2－2）に関する記録は、ほとんど残されていない。『信長公記』には、〈小真木山へは、ふもとまで川つゞきにて、資財・雑具取り候に自由の地にて

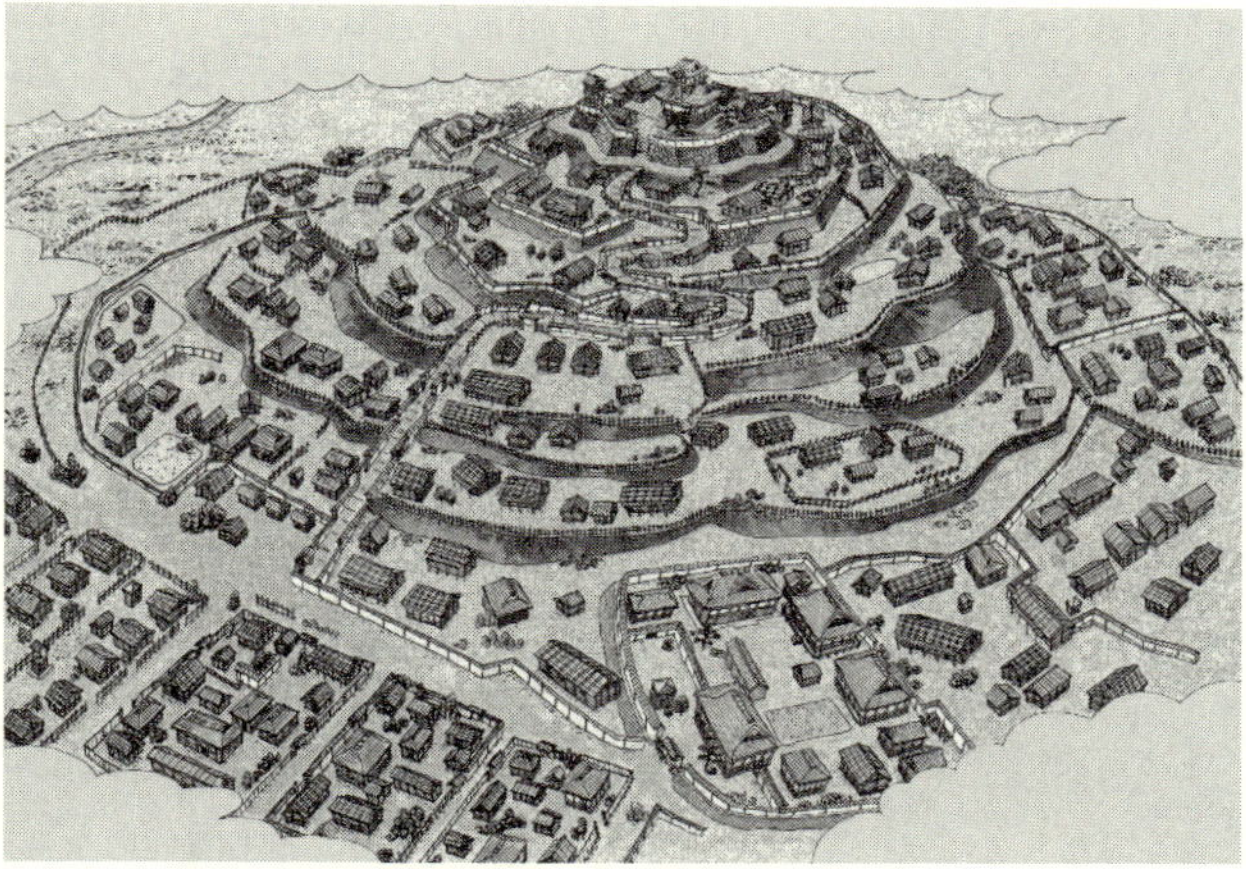

図2-2　永禄期小牧山城推定想像図（小牧市教委提供）

候なり。（中略）小真木山並に御敵城於久地《おぐち》と申候て、廿町ばかり隔てこれあり。御要害ひた〳〵と出来候を見申候て、御城下の事に候へば、拘へ難く存知、渡し進上候て、御敵城犬山へ一城に楯籠《たてこもり》候なり〉と記録される。清須と川続きで極めて利便性が良いことと、小牧山から二〇町（約二・二キロメートル）ほどの距離に位置する敵方の於久地城から、完成に近づき工事が進む様子を見るにつけ、城内までも見下ろされることになり、支えきれそうもないと判断し、明け渡して犬山城へ退去したという内容である。

この記録で注目されるのは、小牧山に築かれた新城を「御要害」と記していることで、文字通りに取れば地形が険しく守りに有利な城、戦略上、重要な場所に築いた城となる。

確かに平地居館の清須城に比べれば地形が険しい上、隣国美濃とも近く戦略上重要な地点であった。

尾張下郡は、前述のように地形的問題で山城を築くことは困難であった。だが、山がちな所領を領有した戦国大名たちは、居館の背後の急峻な山頂に詰城《つめのしろ》を構えている。近江京極氏、甲斐の武田氏などである。

だが、この時期になると、平地居館を捨て山上に日常の拠点を移す例が見られる。平地居館との二元構造ではなく、山頂部に領主居館、山腹に家臣の屋敷を配置した一元構造の城である。南近江の六角氏は、それまでの平地居館金剛寺城から観音寺城へと本拠を移転。毛利元就の本拠吉田郡山城も、戦国期に大拡張が実施され全山要塞化される。上杉謙信の居城春日山城も、永禄年間（一五五八〜七〇）から整備改修を繰り返し、天正年間（一五七三〜九二）初頭には、山上の要害と中腹から山麓にかけての屋敷地を一体化した城が完成し、戦国第一の要害と呼びならわされた。

これらの城は、山上からの眺望が開け、領国内のほとんどが見渡せ、さらに主要街道も一望された。領内からは領主の城を常に見上げる形になり、室町体制とは異なる新たな視点からの支配者が生まれたことを示そうとする萌芽と捉えられよう。信長による小牧移転も、このような歴史の流れの中の一連の動きとして捉えることも可能である。

以下、発掘調査で明らかとなったさまざまな事実から、信長の小牧山城の姿を復元し、その構造等から、なぜ信長が小牧山移転を決意したのかを考えてみたい。

発掘調査の成果（山麓と中腹）

小牧山は、前述のように信長が城を築いた後、小牧・長久手合戦で徳川家康の本陣となり大規模な改修を受けることになる。現在まで実施された発掘調査成果により、家康の改修と、本来の信長の城の姿が判明してきた。

小牧山東山麓の発掘調査によって、麓を取り巻く長大な二重の土塁とその間の堀（合計幅約三〇メートル）が、小牧・長久手合戦の折に設けられたことが判明し、併せて山麓部の五ヵ所の虎口も家康段階であることがわかった。

信長時代の山麓部は、武家屋敷群が、幅約四五メートルをもって小牧山を取り巻くように東麓から北麓に連続配置（一二区画と推定。七一頁の図2－8参照）されていたようだ。南東隅の、山麓最大規模を持つ一辺約七五メートル四方の区画が、信長の山麓屋敷と考えられる。山麓から山頂へと続く南側の直線通路（大手道）の両側で実施された調査で、現地表下約一・五メートルで信長時代の通路を確認し、道幅は五・四メートルの広さを持つ可能性が高まった。また、部分的にかなりの規模を持つ石垣や、岩盤を磨き上げたように平滑に仕上げ、切り立てた部分も見つかっている。直線通路に沿った曲輪群でも縁辺に石列が見られ、さらに大手道が屈曲を繰り返しながら山頂に至る城道の両端や、主郭周りの曲輪端部にも石垣が認められ、主郭に近づくにつれて、その規模を増していた。

発掘調査の成果（山頂主郭部）

主郭を取り囲むように築かれた三段の段築状石垣が確認されている。便宜上、上段石垣を「石垣Ⅰ」、中段石垣を「石垣Ⅱ」、下段石垣を「石垣Ⅲ」と小牧市教育委員会が呼称しているため、本書でもそれを使用する。石垣は、基底となる根石付近を中心に良好に残存し、鈍角の入隅・出隅を繰り返しつつ主郭を取り囲む。石垣の石材は小牧山産チャート（堆積岩の一種）を主体に、一部に搬入された花崗岩・川原石が見られる。いずれの石材も自然石で加工痕は確認されていない。積み方は「野面積《のづらづみ》」で、横メジが通る部分が多く、隅角部に「算木積《さんぎづみ》」は認められない。岩盤を壁状に切り立てて、石垣面と併用している部分も見られる。

石垣Ⅰ（上段石垣）は、一石二トン以上の巨石を用いた石垣で、地形に沿って緩やかに湾曲を繰り返し、主郭を取り囲んでいた（図2－3）。石垣の高さは二・五〜三・八メートルと推定される。中でも、北西斜面の台形に張り出した部分の石垣は、他の斜面よりも格段に大きな石材を用い、ここが主郭でもっとも高い三・八メートルの石垣となる。この張り出し部の方向に、稲葉山城が存在する。方形の張り出しは、搦手《からめて》口南脇にも認められ、都合二ヵ所が突出していたことになる。

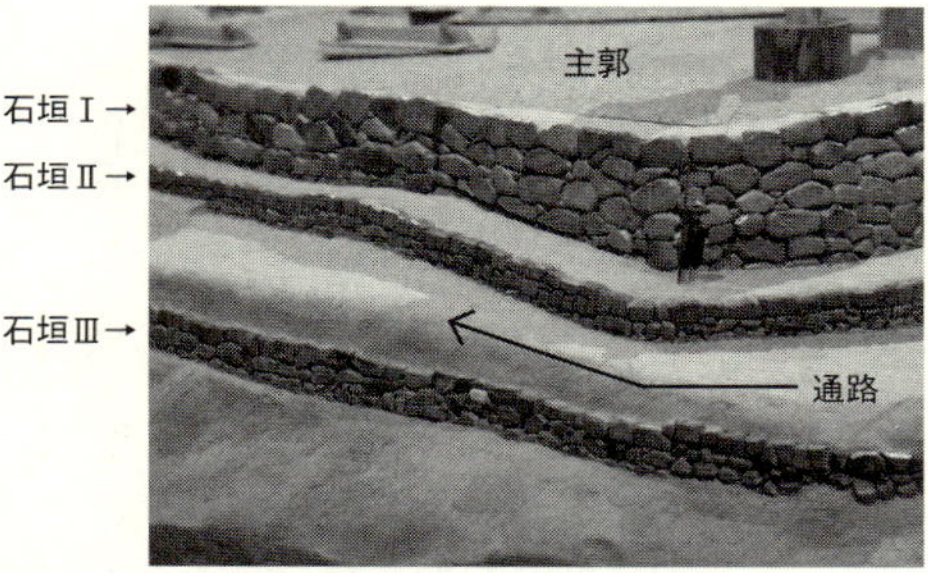

図2-3　三段の石垣復元模型（小牧市歴史館蔵）

石垣Ⅱ（中段石垣）は、石垣Ⅰとほぼ並行して築かれ、石垣Ⅰ下部から約二メートルの平坦面を確保している。石材は、五〇センチほどの自然石を利用し、高さは一・五メートルほどと推定される。石垣とならず、岩盤を壁状に削り、石垣と併用している箇所も認められた。平坦面南西部には玉砂利が敷かれている箇所もあり、一部主郭を廻る通路として利用されていたと考えられる。

石垣Ⅲ（下段石垣）は、当初、石垣Ⅰ・Ⅱの周囲をすべて廻るのではなく、急斜面となる北〜北東斜面のみと思われていたが、その後の調査でほぼ全周を廻る可能性が高まった。石材は小ぶりで三〇〜五〇センチのものが主体を占め、小牧山産出の自然石（堆積岩）と、搬入石材である花崗岩・川原石の石材も多く含まれる。隅角は極めて稚拙で、ほとんど隅としての体裁をなしていない。高さも一メートル前後と推定され、さらに上部まで石垣を立ち上げることなく、後の腰巻石垣のような状況を示す。北西調査区では、石垣の崩落を防ぐために、石垣前面に流れる雨水などの水を一ヵ所に集めて地中に流して処理する一種の「浸透枡《ます》」を検出した。

発掘調査で特筆されるのは、「佐久間」と墨書された石材が出土したことである。信長築城時の墨書であれば、石垣石材に記された最古級の墨書確認例になろう。

従来不明であった主郭虎口が、平成二七年度の調査によって明らかとなり、主郭南側虎口が大手口、東側が搦手口とほぼ確定された。「春日井郡小牧村古城絵図」に記されている大手道は、スロープ（石段かどうかは攪乱で不明）で直線的に主郭に入ると、そこには踊場状の方形の平坦面が存在していた。平坦面は、向かって左側と正面が巨石を利用した石垣で、左南端に花崗岩巨石が位置することになる。右側は、石垣は残されていないものの背後の裏込石が残り、ここも石垣であったと思われる。従って、平坦面は三方が石垣で囲い込まれた空間であることが確実となった。東側の搦手虎口は、主郭が東側に方形に張り出す北面の石垣を通路規制のための石垣として利用していた。石垣に側溝と推定される石組が一部伴い、礎石が確認されている。この礎石は、門礎石の可能性が高く、主郭で初めて確認された建物遺構となる。

なお、石垣Ⅱは、南虎口、東虎口ともに、ほぼ直角に通路とぶつかり入隅《いりすみ》状となるため、主郭を廻る通路が入口通路へと接続していたことが確実となった。

発掘調査の成果(小牧城下町)

小牧山城下町は、絵図や地籍図の分析から、南西山麓に東西約一×南北約一・二キロメートルの規模で存在したと推定されている。現在は、都市化が進み城下町の面影を探すことは難しい。わずかに、惣構と言われる水路と土塁の痕跡が残る程度である。

発掘調査で、城からの大手道が南へと延び、その両側に堀で区画された大型の地割を確認、位置関係から重臣たちの屋敷地が推定される。この南側は、短冊形地割(奥行きが深く、表間口の狭い区画)が密集する下級武士団の居住域と考えられる。これらの遺構群は、それまで人の住んでいなかった原野に、計画をもって一気呵成に造り上げているが、短期間で人為的に堀や井戸が埋め立てられ廃絶されていた。

西側では、明治時代の地籍図の地割とほぼ重なる地割を確認、明治の地籍図が信長時代の城下町の地割を良好に留めていることが判明。確認された南北一八〇×東西一二〇メートルほどの長方形街区は、東西端を南北に直線的な主要道が走る。長方形街区は、中央部を南北に流れる水路によって二分され、間口幅約六〜八メートルの短冊形地割が左右に展開する。

街区を二分する水路は、現在の排水路で、通りに面する町屋の背と背を合わせる部分に設けられたため「背割排水」「背割の溝」と呼ばれる。背割排水は、生活排水だけでなく、雨水の排水や田畑の灌漑用水の排水路としての役目も持っていた。

街区の西側では、埋甕《うめがめ》のある紺屋（染物屋）と見られる建物を検出。さらに、主要道の両側からだけ坩堝《るつぼ》や羽口《はぐち》という鍛冶関連遺物が出土している。

徳川家康の改修

小牧・長久手合戦に伴う徳川家康の改修によって、小牧山城は山麓を取り巻く二重の土塁と堀によって囲い込まれる姿になった。この内部が、家康の陣城の範囲である。

山塊を形成する尾根筋は東西に延びるため、鞍部に南北方向の堀切を配することで、東側主郭地区と西側曲輪地区に分かれる（図2－4）。中腹に廻る空堀から山麓を取り巻く堀の間は、山麓の土塁の内側に沿って長く配置された帯曲輪地区、大手道周辺に見られる大型の曲輪が集中する大手曲輪地区、西側の谷沿いに分布する曲輪群の西側谷地区の五地区に分けられる。

主郭地区には、東西南北に各一ヵ所ずつ都合四ヵ所の虎口が見られる。西側曲輪地区は、主郭を補完するための曲輪で、虎口も主郭との連絡口のみしか設けられていない。大規模な山麓曲輪群は、基本的には兵の駐屯地であり、物資の保管施設があったと思われ

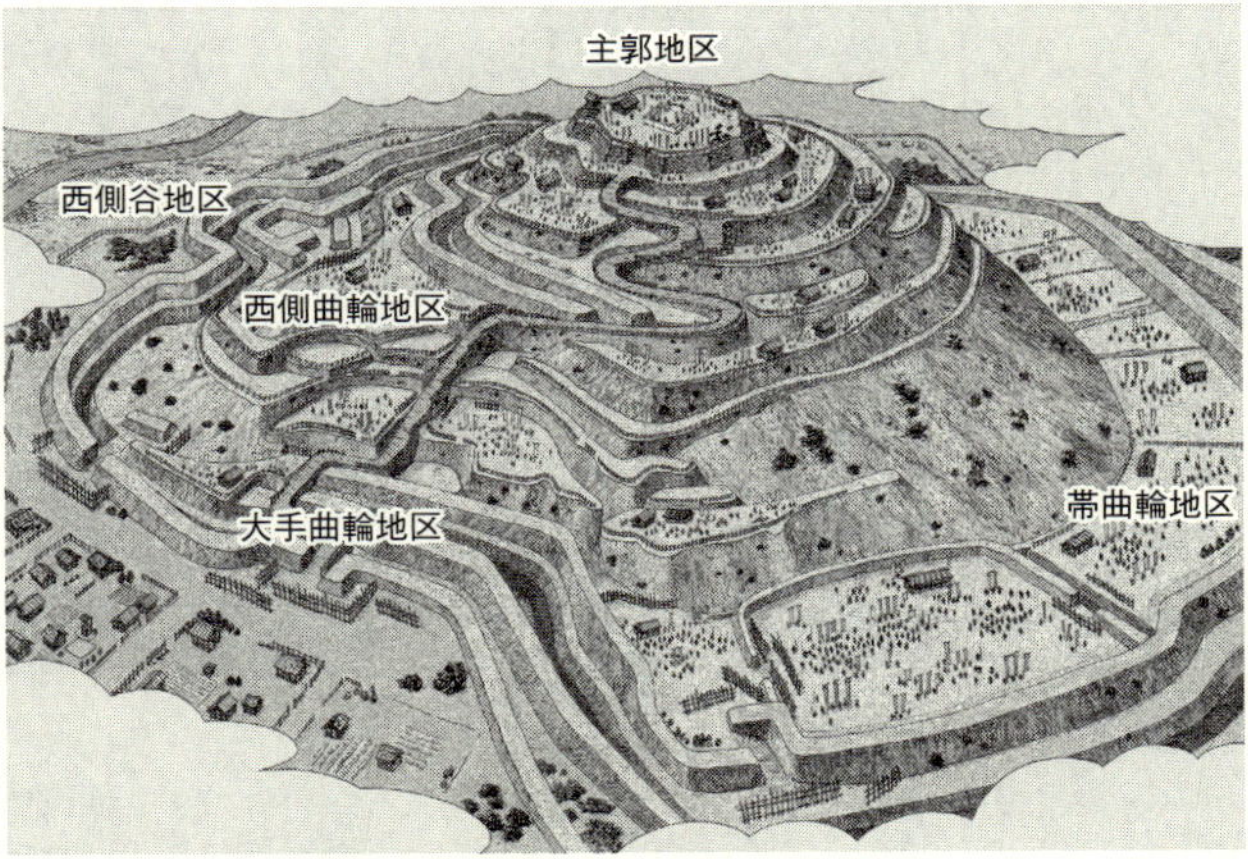

図2-4　徳川家康陣の想定復元イラスト（小牧市教委提供）

る。帯曲輪地区も兵の駐屯地、大手地区が物資保管のための施設、西側谷地区は、中世山岳寺院の遺構を利用した曲輪で、ここも兵の駐屯施設が想定される。

　山麓には、合計三〇メートルほどの大規模な二重の土塁と堀を構え、陣城の周囲を固める防御施設としていた。併せて山麓部に五ヵ所の虎口を整備している。家康は、平坦面（曲輪）の新規造成などの大規模工事をすることなく、山麓と中腹に横堀を廻らし、掘った残土で土塁を構築し、豊臣軍に対抗しようとしたのである。

直線の大手道

　小牧山城大手道と総称されるのは、山麓から小牧山中腹までほぼ一五〇メートルにわたって直

図2-5　現在の大手道

線で延びる通路のことである（図2－5）。大手道が始まる山麓部には重臣屋敷が建ち並び、ここもほぼ直線の通路が一〇〇メートルにわたって延びている。城下から続く平坦な道が傾斜を持つ通路に変わる転換点で、向きを変えるものの、約二五〇メートルにおよぶ直線道路が城下から中腹まで延びていたことになる。

中腹まで達した通路は、東にほぼ直角に折れ一〇〇メートルほど延び、そこから九十九《つづら》に折れて主郭南口へと続いている。のちに信長が築いた安土城も、ほぼ直線に延びた通路が途中で九十九に折れる急傾斜の道へと変化している。極めて構造的には似ていると言わざるを得ない。小牧山の状況を理解することが、安土城大手道の直線構造への理解に繋がることは間違いあるまい。

大手道と呼ばれる通路の幅は、発掘調査により約五・四メートルと判明、さらに両脇には土塁が配され、一部には岩盤を切り立てた箇所が存在していた。この大手道の左右には、屋敷地が広がっていたと推定される。大手道の延長となる南側山麓部が重臣屋敷なら、大手道脇は一族衆の屋敷地が展開していたのかもしれない。

　大手道が始まる南山麓部は、家康の陣城構築によって破壊を受けており、そこに虎口が存在したかどうかははっきりしない。屋敷地が連続配置するなら、ここに虎口は不要で、開口すべきである。碁盤の目状に配置された平安京の主要道・朱雀《すざく》大路は、幅約七五メートルの直線道路であった。平安京と比較するわけではないが、小牧城下町の南北道路はほぼ直線の幅広の通路が配されている。道が直線ということは、中腹までは閉じた空間ではなく往来の範囲とも理解される。

　明確な意味で「閉じた空間」となるのは、前述のように石垣で囲まれた主郭周りのみであり、他の部分はたとえ城内であっても往来であり、自由な通行が可能であったと理解される。城下町を含め、石垣で囲まれた閉じられた空間以外は、自由な往来が認められており、「閉じた空間」へは、信長以外あるいは信長に認められた者以外が入ることはできなかったと思われる。小牧山築城によって、清須では見られない信長の隔絶性が認められ、この時期織田家においては信長を中心にした中央集権体制が整いつつあったことが、直線の大手道の存在から想定される。

小牧山城石垣の年代観

ここで、発掘調査で確認された三段積の石垣が、いつ誰によって積まれた石垣であるかを検討しておきたい。

信長の小牧山築城以前に、この山上に城や大規模な寺院建築が存在した記録はない。そのため、もっとも古い段階は永禄六年（一五六三）の信長入城段階で、慶長一一年（一六〇六）から小牧山は尾張藩領となり一般の入山は禁止されたため、これ以後はあり得ない。従って、三段の石垣は、永禄六年～慶長一一年頃までの、四三年間に構築されたことが確実である。

天正四年（一五七六）の家督相続により、小牧の地は信長の嫡男・信忠の支配下に入る。この時、小牧山城再築があれば、天正四～一〇年（一五七六～八二）ということになろう。

小牧・長久手合戦に際し、徳川家康が小牧山城を再利用するにあたって石垣を構築したとすることも考えられないわけではない。この場合は、天正一二年（一五八四）となる。

最後の可能性が、天正一四年（一五八六）、再び織田家の本願地に戻った織田信雄による再築である。ただし、天正一八年（一五九〇）、信雄の領地没収以後は、小牧山を利用する戦略的・政治的理由は見つからない。

従って、石垣構築が可能な時期は、信長、信忠、家康、信雄の四時期ということになる。

次に、石垣の積み方の特徴から年代特定ができるかどうか、検討したい。
確実な意味で、石垣の変遷がある程度追えるのは、統一政権の誕生によって全国規模で規格化された石垣が構築されるようになってからのことになる。したがって永禄から天正期については、石垣構築方法による年代特定が極めて困難と言わざるを得ない。

また、確認された石垣の中に、ある程度の量の花崗岩の混入が見られる。小牧・長久手合戦では、周辺域で唯一花崗岩が産出する岩崎山に羽柴軍の砦が構築されており、敵方の陣地から石材を切り出して運び込んだとは思えない。そのため、花崗岩の利用によって、徳川家康改修の可能性が排除される。

そして、一石二㌧以上の巨石を用いた石垣Ⅰは、極めて高度な技術によって積まれた石垣ではあるが、隅角は未成熟で歪みのない角度を築くまでには至っていない。巨石を積み上げる石垣は、極めて類例が少なく、岐阜城の山麓御殿虎口脇・山上部門脇、一乗谷下城《しもき》戸《ど》の枡形虎口等でしか確認できない。

石垣Ⅱは、石垣Ⅰとほぼ並行して築かれていることから、時期差はなく石垣Ⅰと同時に築かれたとしてほぼ間違いはない。裏込めの状況もかなり高い技術を示すが、算木が未成熟で文禄～慶長期以前と推定するのが妥当であろう。石垣Ⅱは、大手口周辺の一部で通路として利用されるとともに、石垣Ⅰの崩落を防ぐために積まれた石垣である。

石垣Ⅲの隅角は、ただ単に石材を置いただけで、ほとんど隅としての体裁をなしていない。石垣Ⅰ・Ⅱとは異なり、腰巻状に積まれた低石垣で、急斜面の崩落を防ぐ堰あるいは堤防の役割を持つ石垣になる。また、東・南側は主目的である石垣Ⅰを構築するための作業ヤードとして、空間を確保するための土留めの役割も併せ持っていたと考えられる。

このように、三段の石垣を比較検討すると、それぞれ異なった役割を持っていたことが判明する。主目的は石垣Ⅰを積み上げることで、石垣Ⅰを安定させるために、Ⅱ・Ⅲが積まれたことになるが、Ⅲは周囲を廻る通路としての機能も併せ持っていた。

これらの特徴を見る限り、豊臣政権成立以前とするのが妥当である。築石部のみを見るなら、文禄・慶長期（一五九二〜一六一五）としても問題のない積み方を呈すが、隅角はあまりに未成熟と言わざるをえない。

そうなると、石垣構築方法の検討では、信長か信忠のいずれかということになる。だが、信忠が尾張支配のために小牧山城を再築する理由が見当たらない。戦略的にも経済的にも小牧山に拠点を求める必然性がないのである。従って、信忠による小牧山修築も排除されよう。

ちなみに、信雄段階ということも考えられないわけではない。天正一四年（一五八六）に清須城の大改修を実施し、再び織田家の本願地に戻った信雄が、織田家の正統性をアピールするために、父・信長の小牧山城を再築利用した可能性は残る。だが、小牧山城への信長在城は極めて短く、江戸期の記録を見ても、信長の古城の跡ともあるが、家康が小牧・長久手合戦の本陣を置いた認識が強い。尾張藩が禁足地として、小牧山に人を入れなかったのは「御勝利御開運の御陣跡」としてである。仮に、信雄が父・信長の顕彰とともに、織田家の正統性を訴えようとしても、近々の小牧・長久手合戦があり、信雄の目論見どおりの結果になるとは思えない。当然、信雄自身がそれを把握していたであろう。ゆえに、信雄による改修も考えにくい。

以上のような状況から、小牧山で確認された石垣は、永禄六年（一五六三）の信長入城段階に落ち着くことになる。岐阜城に先行する形で、すでに小牧山城で石垣が導入されていた事実は、信長の城づくりを考えるのに極めて重要なポイントとなろう。

主郭から運び出された石材

主郭への入口階段の西脇・徳川義親の銅像（昭和六〇年建立）台座に転用されている花崗岩の巨石には、〇に十字、連続する正方形の二種の刻印と矢穴（石材を割るくさびを打ち込むために設けられた台形を呈す穴）が残る（六七頁の図2－6、7参照）。信長の築城段階でも畿内では矢穴による石材の加工は行われていたが、未だ一般化していない。尾張における刻印の使用と矢穴を用いた石材の加工運搬は、慶長一五年（一六一〇）の名古屋築城時に始まる。現在も、岩崎山や三河湾沿岸地域等には刻印や矢穴が残る巨石があちこちに点在している。この矢穴と刻印を持つ花崗岩の存在によって、名古屋築城に際し、小牧山から石材が搬出されたと考えられている。

発掘調査でも明らかとなったように、小牧山城の主郭の石垣Ⅰは、根石から一〜三石ほどを残すのみで、その上部の石材はほとんど失われている。崩落や城割（城郭を取り壊すこと）による破壊なら、崩れたり崩されたりした石材が、裾部や斜面に認められるはずである。ところが、明らかに転石と思われる石材も見られるが、大部分の石材は消失している。消失の原因は、再利用のための搬出以外は考えにくく、主郭遺構面までの石垣囲みであったとすれば、実に八割の石材が運び出されたことになる。

そもそも石垣Ⅰには一石二トン以上の巨石を用いており、小牧山産チャートを主体に、ごく一部に搬入された花崗岩が残る。だが、その八割が名古屋築城のために搬出されたと考えると、搬出された石材のほとんどが花崗岩であった可能性が高い。

なぜなら、名古屋城の石材産地は岩崎山や石崎山、赤津や篠島《しのじま》、幡豆《はず》など三河湾沿岸地域、瀬戸、西尾市周辺域、養老山系、三重県の尾鷲《おわせ》地域、遠くは紀伊、摂津、播磨、小豆島、唐津にまでおよび、石の総数は実に一〇万〜二〇万個調達されたと言われている。

また、名古屋城の石材の大部分は花崗岩、花崗閃緑岩、砂岩で、花崗岩は小牧市の岩崎山や瀬戸地域、三重県の尾鷲地域から運ばれている。慶長一五年六月に始まった名古屋城の石垣工事は、九月に大半の工事が終了し、一二月にはすべての石垣工事が完了したようである。わずか六ヵ月で石材の運搬から積み上げまでが終了したことになると、急ピッチで進めるために採掘場の岩崎山だけでなく、小牧山城の石材のうち、花崗岩の巨石のみを搬出したのであろう。つまり、主郭廻りの石垣が失われた部分には、圧倒的な巨石の花崗岩が積まれていたと思われるのだ。

もう一つの可能性、それは天正一三年(一五八五)の織田信雄による清須築城の際の搬出である。清洲城下町遺跡の発掘調査により、信雄の清須城の一部も確認されてはいるが、その主要部については未発掘で、どのような石材が石垣として使用されていたかははっきりしない。天守台のみ小牧山の石材を運び込み、使用したことも想定されよう。仮に、信雄段階に搬出があったとしたら、小牧山城からもちだされた石垣Iの石材が、すべて花崗岩でなくとも良いことになる。天正一四年時点では、小牧山産チャートも十分機能を果たす石材の一つであった。小牧山からの石材の搬出が、信雄段階と名古屋築城時の二時期あったため、ほぼ八割というあまりに多くの石材が失われてしまったことも想定の範囲である。

ただし、名古屋築城に際し、小牧山城の石垣を解体・搬出したとすると、問題が一点生じる。小牧山は、家康が天下を取るきっかけとなった小牧・長久手合戦の勝利地として尾張徳川家が手厚く保護し、番人を配置して柵を廻らし、一般の入山を禁止するほどであった。それにもかかわらず、石垣を解体し搬出する破壊行為をなぜ許したか、である。

石垣構築の普及に伴い、慢性的な石材不足に悩まされた武将たちは、廃城となった城からだけでなく、石仏や石塔、古墳の石室、寺院の礎石まで再利用している。小牧山城の石垣の再利用も当然のことであろうが、徳川家にとって極めて重要な地であったことを考えると、前述のような疑問が生じてしまう。

しかし、名古屋築城は、対豊臣を想定した家康による厳命であった。幕府にとって、名古屋築城は最重要課題であったため、家康自らが小牧山からの搬出を命じたとすれば、問題ないことになる。

大手口脇に残る巨石の謎

前述の主郭への入口階段の西脇の台座（図2－6）が、小牧山では産出しない花崗岩の巨石で、刻印と隅角に矢穴（図2－7）が残る。矢穴は、直上に位置する花崗岩にも見られ、両石材が本来は一つの直方体の石材（一辺が一・七～二メートル、約二三トン）であったことが判明する。二つに割られ台座となった石材は、さらに二分割が試みられたようで、南側三分の一ほどの場所に、連続する一列の矢穴が見られる。だが、矢穴を穿ったものの石材を分割するまでには至らず放置されていた。この矢穴と刻印は、明らかに慶長一五年の名古屋築城時のもので、この時点で小牧山において何らかの作業があったことを伝えている。

図2-6　花崗岩の巨石

図2-7　花崗岩の矢穴

この巨石はあまりに異質で、これほど方形に近い形状を持つ石材は、城内唯一である。この巨石が信長段階から現位置を保っていたかどうかが最大の問題点であったが、平成二七年度の調査で巨石底部を調べたところ、現位置を保っている可能性が高まった。さらに、大手へ向かう側面の石塁のライン上にのっており、小牧山城の石垣の一部であることが濃厚となってきた。尾張における矢穴を用いた石材の加工運搬は、慶長一五年の名古屋築城のための石材の切り出しが初現である。信長段階からあった石材だとしたら、名古屋築城の石垣石材として運搬するために、二分割しさらに細分しようとした時点で放棄したということになる。

小牧築城にあたって、信長が花崗岩を持ち込んだのはほぼ確実な状況で、一段目の石材にも何石かの大形石材が散見される。だが、これほど形が整う巨石はこの一石以外確認されていない。運び出された花崗岩の中に、同様に加工された石材が混在していたなら別だが、もっとも残存率の高い露頭していた石垣周辺でも見ることはできないので、おそらく築石部には使用されていなかったと考えられる。

では、信長時代とするなら、なぜ巨石運搬を実施し、大手脇に配置したのかを考えなくてはならない。この石材が現位置をほぼ保っているとすると、信長があえてここに据え付けたということになる。後の名古屋城の「清正石」(本丸東門枡形内)や大坂城の「蛸石《たこいし》」のように、大手に見せるための巨石として配置された「鏡石」とする目的があったのだろうか。あるいは別の目的で据え付けたのかははっきりしない。

たしかに、鏡石としての巨石利用は、豊臣政権下になると急激に増加傾向を示すが、あくまで複数の巨石を虎口周辺に配すもので、一石のみの巨石配置を見出すことはできない。一石のみの巨石配置は、慶長一五年の名古屋築城が初の事例で、その後徳川大坂城で多用されている。

仮に小牧山段階で鏡石的発想があったなら、岐阜・安土城へと引き継がれて当然である。だが、岐阜城や安土城で巨石一石の鏡石を見出すことはできない。さらに、直方体を呈す花崗岩も見られない。信長は安土築城にあたり、「蛇石」という巨石を山頂まで引き上げたと記録されるが、鏡石として見せるためではなかった（第五章で詳述する）。蛇石は、鏡石として使用するのではなく、地鎮石として地中に埋められ使用された可能性が高い。小牧山城では平成二七年度の調査で、信長段階の主郭遺構面と、花崗岩巨石の上部平坦面が、ほぼ同じ高さであることがわかった。ということは、巨石花崗岩は、上部平坦面を使用することで配置されたことも考慮しなくてはならない。

これらの結果から鏡石として大手に据えたのではなく、地鎮的意味合いとしての使用であった可能性が高まる。

安土城や岐阜城に見られる見せるための巨石利用は、一石だけでなく複数の巨石を列状に配置するとか、門周辺域に巨石群を集中配置する形であった。この有り様が豊臣政権に引き継がれ、豊臣系大名たちはこぞって大手周辺や主要な虎口周辺に巨石群を集中配置している。だが、小牧山城のような一石のみの巨石配置は確認されていない。
やはり巨石は見せるためではなく、地鎮石としての使用であったと思えてならない。

山麓の御殿

小牧山東山麓から北山麓にかけて、小牧山を取り巻くように侍屋敷群が連続配置されていた。この屋敷地は、幅約四五メートルで間に堀を入れ、合計一二区画があったと推定されている（図2－8）。堀は、隣に位置する屋敷地との区画溝で、防御施設とはなっていない。『信長公記』の記述にあるとおり、屋敷地の位置はすべて信長により決められており、城下に集住させた時点で個々の独立性は失われたと理解される。

一方、南東隅で確認された山麓最大規模を持つ一辺約七五メートル（現在の堀を含めると約一〇〇メートル）四方の区画は、他の屋敷地とは異なり、堀によって区画されるのではなく土塁囲みとなっていた。他とは状況を異にする大型区画こそが、信長の山麓屋敷と考えられている。内部の状況についてははっきりしないが、ここに対面所を含めた政庁があったと考えるのが妥当であろう。

戦国期の二元構造を持つ城は、山麓に居館、山頂に詰城が通常の配置だったが、小牧山の場合は、山麓に政庁、山頂に私的空間が推定される。言うならば、山麓が表御殿（ハレ

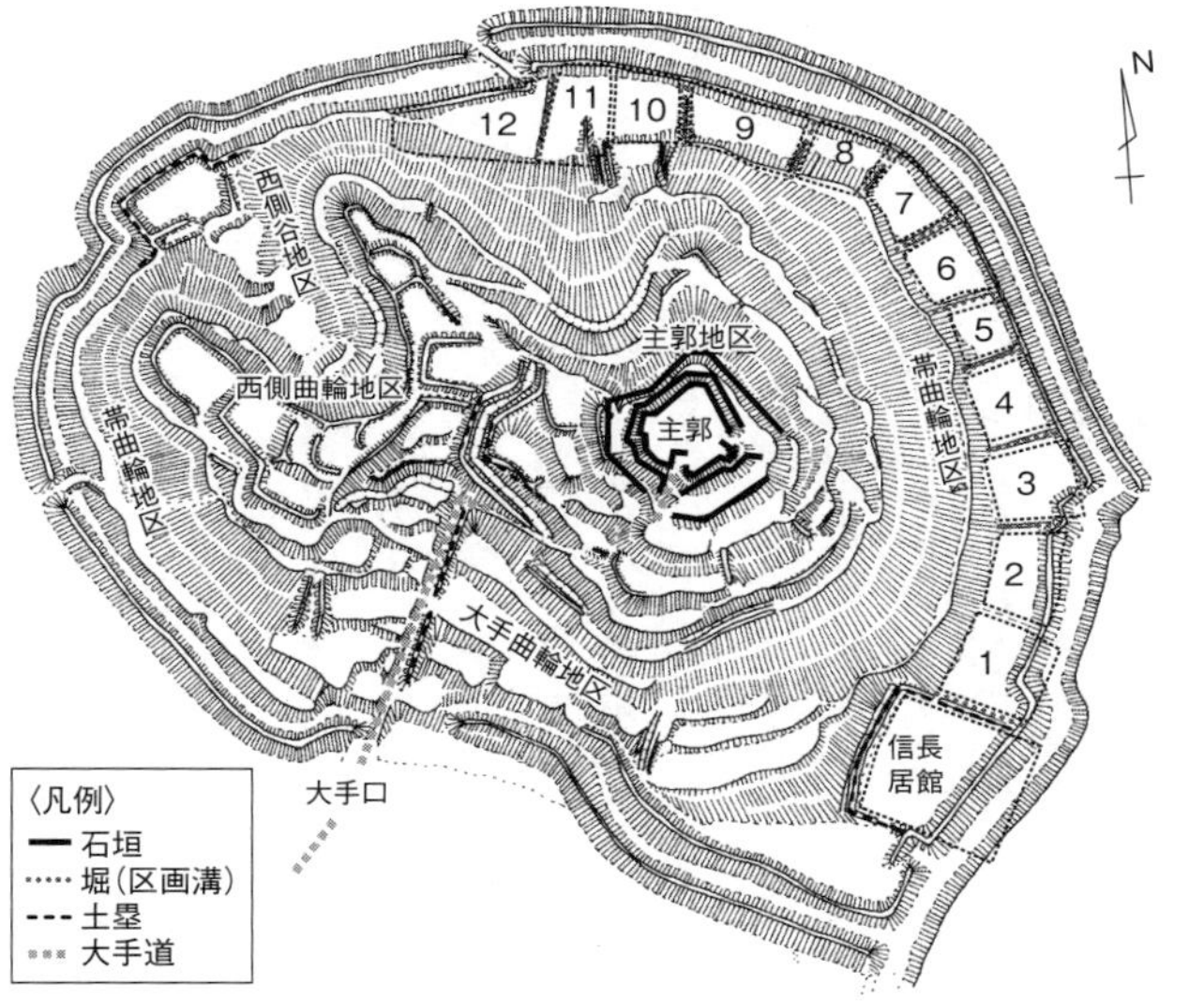

図2-8　信長時代の遺構（『史跡小牧山整備事業報告書』小牧市教委2015に加筆転載）

の場）であり、山頂が奥御殿（ケの場）ということになる。この配置は、次の岐阜城にも引き継がれ、対面は山麓御殿で実施され、山頂部へは特別な人のみ案内している。

さらに、山頂部に居住したのは、信長の家族と、人質たちと記されており、山頂部が特別な空間であったことが判明する。その萌芽はすでに小牧山城で発生していたのである。

城下町への集住

居城移転に際し、信長は清須から引き連れて来た家臣団を山麓部および南側に集住させている。家臣の集住に併せ、南西山麓に約一キロメートル四方におよぶ新たな街を築き上げた。城下町内には四本の南北道路を設け、南端に堀と土塁とを組み合わせた東西方向の惣構が配されていた。発掘成果等から、城下町西部には東西・南北に整然と配置された道を通し、長方形街区を形成し、その中に短冊形の地割を計画的に配置していたことがわかる。ここが商工業者集住地区で、紺屋町、鍛冶町、油屋町などの配置を想定する。東側には比較的大型の方形区画が配され、有力家臣団が居住する侍屋敷地、寺院や下級武士団の居住区になっていたと思われる。

記録がないため、信長配下のどのレベルがどこに居住したかはわかっていない。家臣団の屋敷地のうち、もっとも重要な地点は、大手道の左右に展開する階段状の曲輪である。次いで、山麓御殿に連なる小牧山東山麓から北山麓の平坦面。次が、南山麓大手道の真南あたりに位置する地点ということになろう。通常で考えれば、大手道の左右の屋敷地が、連枝《れんし》衆と呼ばれる信長の一族もしくは一族衆と同等の扱いを受けている家臣達の居住域で、東山麓から北山麓の平坦面に信頼のおける馬廻《うままわり》衆のうち主だった者を配すはずである。

家老（古くからの老臣）やもともと尾張の在地領主で、力関係によって信長に従うようになった大身の部将たちには、山麓の南側、大手道の真南に確認された大型区画を与えていたと推定される。東側、山麓の信長屋敷の南側に当たる城下町の北東部に、残された馬廻衆や母衣《ほろ》衆などの旗本衆の屋敷地を置いたと考えたい。この南側に、これ以外の下級武士団の屋敷地を配したと思われるが、実際はどうかがはっきりしない。

城下町西側が商工業者集住地区で、鍛冶関連職人や染物職人たちの集住が指摘されている。また、背割排水と呼ばれる排水路も確認されており、極めて緻密な都市計画によって城下町経営が実施されたことが判明しよう。

ちなみに、小牧築城より二〇年ほど後、八幡山城を築いた豊臣秀次は、麓の防備強化を図るとともに城下町の利便性の向上をめざし、琵琶湖と繋がる八幡堀を築いている。城下町には、この八幡堀につながる排水路（背割排水）も整備した。通常、新たに設けられた町は、上水道（飲料水）が先に整備されるが、下水道は人口増加に伴う町屋の拡大に併せ整備されている。八幡山城下は、排水路の整備を実施した後に、町づくりを行った先進的な例と評価される。

ところが、小牧山では、すでにこのインフラ整備が実施されていたのだ。これまた、信長の先進性を示す事例である。江戸時代にほぼ完成するといわれる城下町の極めて初源的形態がすでに小牧山段階で志向されていたことは、特筆されよう。

信長の小牧山城（山頂部）

『信長公記』の記載や発掘成果等から、信長時代の小牧山城の構造や特徴を考えておきたい。信長の小牧山城の最大の特徴は、巨石を利用した三段の石垣構築と、山麓に城下町を設けたことの二点である。

信長が小牧山城の築城を開始した頃、西日本各地ではすでに石垣を利用した城が数多く存在していた。中部地方でも、信濃の山岳地帯で扁平な石材を積み上げる独特な石垣が登場し、奥美濃地方にも独自の石垣が積まれている。

だが、尾張地方では石垣を利用した城は確認されておらず、現時点で小牧山城こそが尾張で最古の石垣を多用した城ということになる。

小牧山城の石垣の特徴は、三段にセットバックをすることで積み上げ、全体として高石垣と同様の高さを誇っていたことである。おそらく、遠目から見る限り、五《メートル》を超える規模の石垣に見えたと思われる。さらに、石垣Ⅰ、Ⅱ、Ⅲがいずれも異なった石垣であったことも、特筆されよう。石垣Ⅰ、Ⅱ、Ⅲが異なるのは、技術者集団の差異と考えられないわけではないが、現段階では、同一の技術者集団によるものとするのが妥当である。なぜなら、尾張地方にはこの時期の石垣が見当たらないからである。このことは、技術者集団が存在しなかったか、あるいは極端に少なく、特別な場所のみに対応していたためと理解するしかあるまい。従って、数少ない技術者集団を信長が招聘もしくは徴用し、石垣のすべてを築かせたということになる。

石垣の積み方が異なるのは、信長の命によってあえて異なる石垣を積んだと理解される。三段の石垣は、石垣Ⅲ→石垣Ⅱ→石垣Ⅰの順で構築され、各石垣の石材も同様に大型化する傾向にある。主目的は、本丸を巨石（石垣Ⅰ）で取り囲むことにあった。遠目からも石壁がそそり立つように見せることが最優先されたのである。石垣Ⅱは、石垣Ⅰの崩落を防ぐとともに、下から見上げた際、四〜五㍍という人の倍以上の高さを持つ規模に仕上げる目的も併せ持っていた。さらに石垣Ⅱに沿った通路を設けることで、来訪者を巨石で囲まれた閉じられた空間へといざなう演出が意図されていた可能性は高い。

平成二七年度の主郭大手口（南虎口）・搦手口（東虎口）の調査によって、石垣に沿った通路は、大手口・搦手口へと通じる通路に対し、ほぼ直角に接続することが判明し、導線の役目を担っていたことがわかる。石垣Ⅲは、東側と南側が巨石石垣Ⅰ工事のためのヤード確保、西から北側が急斜面による斜面崩落を防ぐために積まれたのである。

石垣調査で注目されるのが、主郭北西斜面上段石垣の背後、裏込石などが崩落したことによると思われる大量の礫《れき》の堆積の中で確認された墨書のある石材で、墨書は「佐久間」と判読された。佐久間といえば、信長の宿老佐久間信盛が著名であるが、信盛を含めた佐久間一族がこの石材に関わっていたことを窺わせる。信長段階の墨書とするなら、石垣構築にあたって、宿老たちに割普請を命じたのか、あるいは石材調達を命じたのかのどちらかであろう。というのも、この時点で、佐久間氏が石工集団を組織したとは思えない。また、石垣構築を指導できるだけの技術を有していたとも思えない。もっとも可能性が高いのは、信長に石材調達を命じられた家臣たちが、小牧山の採掘場で自分の所有を示すために名前を記したことである。このことから、信長段階とするなら、この時点で信長への権力集中が進んでおり、宿老たちをも完全に支配下に置いていたことになる。

ここで問題なのは、この裏込石が原位置を留めていなかった点である。つまり、主郭から石材が運び出された時に記された可能性を否定できないのだ。現時点で、墨書石材最古の事例は、信雄の清須城で確認された「雑賀」等で、天正一四年（一五八六）になる。城郭談話会の高田徹氏は、小牧山城の石垣を清須あるいは名古屋築城に再利用するため搬出した際の担当が「佐久間某」の可能性があり、名古屋築城の際の「佐久間某」としても問題はないとの見解を示している。確かに、両時期に両者に仕えている佐久間一族は存在する。

そういう意味では、今後の調査で新たな墨書が発見され、その石材の年代が特定されない限り、信長段階の墨書石材と言い切るのは難しいと言わざるを得ない。これについては、今後の調査進展に伴う成果に期待するしかあるまい。

次に、巨石石垣で囲まれた空間である主郭内の構造について考えておきたい。

主郭内の建物群については記録がなく、発掘調査で確認された建物も搦手門一基のみであるため、想像の域は出ない。現状から推定するしかないが、資料がまったくないということではない。

たとえば、瓦が一片すら発見されていないため、瓦葺建物がなかったことは確実である。

そして石垣は、明らかに北西部と南西部を方形に、北側を台形状に突出させている。永禄年間段階では、石垣天端《てんば》いっぱいの櫓建築の存在は考えにくいため、石垣を見せようという意図があったとしか思えない。ちなみに、突出する方向に岐阜城、犬山城が位置している。『信長公記』には、「小牧山の城が完成に近づく様子を見た敵方の於久地城では、支えきれそうもないと判断し、犬山城へ退去した」と記録されている。見ただけで敵方の戦意を喪失させてしまう城の原型が、ここに誕生していたとするのは早計であろうか。圧倒的な石の壁を見せようとした信長の意図がうかがえる事例である。

また、閉じた空間を演出する以上、塀囲みであったとも思われ、後に信長が築いた岐阜城や安土城の状況から、限られた特別な人のみと対面する施設を付設した殿舎《でんしゃ》造りの居所が、主郭の中心施設であったと考えられる。この居所を中心に、台所等の生活を支えるための施設や、食料や武具等の保管施設も確実に存在したはずである。殿舎が重層構造とは考えにくく、寺院の本堂のような巨大な入母屋屋根の単層建物が想定される。

大手口は、後世の破壊と石材の抜き取りが激しいものの、正面の基底石と、側面の石垣の一部が確認され、大手口が石垣で囲まれた方形の踊り場的空間を有していたとわかった。通路が斜めに上がっているため、前面の開口部に門を設けると、扉の開閉は出来ない。従って、方形空間全体を覆う構築物があり、内部に入ると木製階段が正面あるいは右側に設置されており、そこから主郭へ入る極めて特異な構造が推定される。搦手口は、門横に高さ二〜三メートルの石垣が位置し、通路と門を規制していた。門は、薬医門《やくいもん》(鏡柱と控柱をまとめて一つの切妻造の屋根で覆った格式の高い門)と思われ、配下の武将が利用する正面口と考えられる。大手口から上ってきた家臣たちは、石垣Ⅱを廻る通路を利用し、右回りに半周して搦手口へまわり、特別な許可を得た人のみ、正面大手口の特異な建物からの入城が認められていたのであろう。

もっとも、小牧山段階では建築技術も未成熟で、見せるための建物があったとは思えない。最上段に巨石を一枚の壁のように連ね、さらに一段下に壇築状に石垣を積み上げることで、圧倒的な規模の石垣を演出したのである。

いわば小牧山城は建物ではなく、壁状に連なる石垣を見せるために作られた城であった。中腹から山麓部、城下にまでも武家地は広がっていたが、堀や土塁などの施設による明確な区分けは見られない。従って、小牧山の中腹に展開する武家地と、山麓に展開する武家地は、身分や規模的格差が存在するものの、城下同様、往来可能な範囲として捉えられよう。

問題は、明確に信長の私的空間として、許可なき人が入れない境をどこに求めるかである。山麓から主郭へ続く通路のどこが閉塞されていたか。閉じた空間の設定は、後の安土城を考えるうえで極めて重要なポイントである。現状で考える限り、直線の大手道が大きく右に折れる場所からが閉じた空間であり、巨石石垣で囲まれた部分こそが、「隔絶された空間」であったと理解される。

最後に、尾張では使用されたことのない石垣の城を、なぜ信長は築こうとしたのか、そして、いったい誰が石垣を積んだのか、検討したい。

尾張に類似した石垣は存在せず、信長が進出した三河や美濃境にも確認できない。純粋に信長の新機軸であったとも考えにくい。何らかのヒントを得た信長が生み出した物なのである。たとえば永禄二年(一五五九)、信長は御伴衆八〇人ほどをつれて上洛した際、奈良や堺を見物し、将軍義輝と謁見後、八風《はっぷう》峠越えで清須に戻っている。この上洛中、京都・奈良の寺院、堺見物などからヒントを得た可能性は高いが、それが何かを特定するのは困難である。強いて挙げるとするなら、六角氏の観音寺城を始めとする近江の石垣造りの諸城、あるいは社寺の石垣という可能性も高い。

いずれにしろ、信長が小牧山築城以前に尾張を離れたのはこの上洛のみであるため、ここを一つのターニングポイントと捉えたい。現に、信長の築いた巨石を連ねた石垣Ⅰは、次の岐阜城へと引き継がれている。石垣Ⅱも、岐阜城山上の天守前の通路部分に同様の石垣が確認される。

また、小牧山の石垣を積んだ技術者集団は、巨石も通常の大きさの石も積めるという極めて高い技術力を保有する集団であった。加えて、石垣前面に流れる雨水などの水を一ヵ所に集め、地中に流して処理する石枡状遺構も確認されている。石垣構築にとってネックとなるのは排水処理で、排水施設との有機的結合がなければ、石垣は崩落してしまう。排水施設の確認によって、石垣構築を含めた高度な土木技術者集団の存在が浮かび上がる。

このように先進的な技術を持った集団が関与した同様の石垣が尾張国内で確認されていないのは、信長によって初めて掌握され、さらに岐阜城の石垣構築まで信長の元にあったためと理解される。

とはいえ、このような技術者集団を戦国の世に他国から招聘し、重用したとは考えにくい。やはり、従来尾張国内に存在し、城とは別の石垣構築に携わっていたと考えるしかあるまい。そうなると、寺社勢力や有力商人の仕事を請け負うなどして活動していたことになろう。尾張国内でこのような活動が可能であったのは、熱田神宮に関わるか、津島の港湾施設に関わっていたかのどちらかとしか思えない。巨石石垣には、港湾施設の護岸技術の匂いを強く感じてしまう。熱田神宮、津島ともに織田家との関係は深く、どちらに所属していようとも、信長の招聘に応じやすかったはずである。

このように不明な点はあまりに多く存在するが、小牧山築城時点で、すでに信長は「戦う城」から「見せるための城」への変化を志向していたことは事実である。

信長がめざしたもの

本項では、尾張の首都清須から、辺鄙な小牧へと居城を移した信長の意図を考えたい。従来、信長の小牧移転は美濃攻略のためで、より美濃に近く情報の把握や出撃の利便性を考えたからと言われてきた。これは、小牧築城が永禄六年(一五六三)、岐阜への移転が同一〇年と、わずか四年の在城でしかなかったためである。そのため、美濃攻めの拠点となる簡易な砦が想定されてきた。だが、発掘調査の進展によって、我が国でも先進的な技術によって構築された城だと判明してきた。

小牧移転の目的が、美濃攻略を優位にするためであったことは間違いない。だが、美濃一国が簡単に手に入る状況でないことは、信長自身がもっともわかっていた。そこで、尾張の首都機能をそっくり小牧へと移し、信長を中心とした支配体制を固め、じっくりと腰を据えて美濃攻略に備えようとしたのである。信長の計画は、一〇年、一五年という長期計画であった。そのため、十分に計画立案し、万全な準備を整えた上で、〈奇特なる御巧〉を以て、早急な移転を決意することになった。

信長に、清須退去と新首都移転を決意させた出来事は、永禄三年（一五六〇）の桶狭間の合戦であろう。二万五千余という大軍に対し、わずか二千余の手勢で迎え撃った信長は、卓越した情報収集力によって、五千余の義元本隊を突くという作戦で勝利した。だが、義元本隊の位置特定が遅れたら、命取りになっていた。家臣が散在しつつ、集住する旧態依然とした清須城下の限界を悟った信長は、ここから新首都構築の必要性を強く感じ取ることになった。

美濃攻略には、迅速な行動が可能な軍隊が必要不可欠であった。永禄四年、斎藤義龍が死に、龍興が跡を継いだ間隙を縫うように、信長は美濃出兵を繰り返し、西美濃周辺で戦闘が繰り広げられた。機に乗じて侵攻を繰り返すためにも、専業武士団の創設、いわゆる家臣団の常備軍化をめざすことになる。そのためには、支配地に居住する在郷家臣を城下町に集住させなくてはならなかった。清須の街は、すでに町屋としての体裁が整っており、武士団の城下集住には、大規模な城下再編が必要となる。その点、街すらない辺鄙な小牧なら、ゼロからの街づくりが可能であった。併せて、守護所に規制されない、自らの理想とする居城の築城も視野に入れていたと思われる。信長の城を中心に、周囲に家臣を配する新たな首都づくりこそが、尾張統一を成し遂げ、美濃攻略に向けた次なるステップであった。

城下への家臣の集住策は信長の独創が生んだものではなく、規模の大小はあるものの他の戦国大名たちも実施していた。越前の朝倉孝景は『朝倉孝景条々』において、〈朝倉が館の外、国内に城郭を構えさせまじく候、惣別分限あらん者、一乗谷へ引越、郷村には代官ばかり置かるべき事〉と、家臣の一乗谷集住を命じている。だが、信長以外の戦国大名の実施した城下町への集住は、寄親《よりおや》クラスの有力家臣の離反を防ぐための方策で、兵農未分離状況であったため、大部分の下級武士は領地に居住せざるを得ない状況であった。

一方、信長の城下町集住策は、常備軍化した全家臣（下級武士を含む）を小牧城下町に集住させる目的があった。農業経営から切り離された専業武士（職業軍人）たちは、土地とは切り離されているため容易に小牧城下へと集住した。これにより、信長の指令に対して迅速な行動が可能となり、いついかなるときでも多人数による軍事行動がとれるようになった。

城下町は惣構を設け、明確に独立させている。内部には主要な四本の南北道路を設け、さらに直線的な複数街路を配置し、利便性を高めていた。計画的な職能集団の集住は直属の職能集団の育成、あるいは商取引の一元管理をめざした可能性が高く、特に鍛冶関連の集住は、計画的な武器生産をねらったものと理解される。新たな職人街の創設によって寺社勢力の影響下から脱し、自由な商取引への道が開けたのである。小牧山まで直線で延びる通路の存在は、自由な往来の実現に向けた一歩とも理解され、安土山に展開する直線の大手道へと発展していったことが想定される。

旧都清須から続く五条川の河川交通も当然管理下にあり、川に面した河湊（船津）は、城下中心部から南西へ約一五〇〇㍍の距離で、ほぼ直線の道路によって結ばれていた。船津は物資集散地として城下町の外港的機能を有していた。街道は城下町の西側で合流、城内へは一つの幹線道路として通行させている。交通網の把握は、自由な往来を確保するためと思われ、後の関所の撤廃や通行税の免除に繋がっていく。

小牧山への築城は、石垣を使用した見せるための新城を構築することで、明確に権力が信長に集中していることを知らしめる意図があった。新たな城下建設は、職能集団の把握と一元管理を兼ねたもので、旧来の寺社勢力が保有する諸権利の剝奪でもあった。簡単に言うなら規制緩和による自由な商取引によって、小牧山城下に自然に人が集まり、そこに生まれる経済効果をねらったものである。

そんなしたたかな信長にも、唯一、誤算があった。

清須から小牧に移ってわずか四年後、美濃攻略が成ったことである。小牧山に腰を据えて、ゼロから新首都を築き上げる予定が、大幅に狂ってしまった。小牧山でめざした信長の理想は、そのまま岐阜へと引き継がれ、岐阜の街で花開くことになる。

第三章　政治機能を拡充させた岐阜城

稲葉山城攻略と岐阜入城

信長が小牧山城に居を移した翌年の永禄七年（一五六四）、美濃を揺るがす事件が勃発した。斎藤家の家臣である竹中重治と安藤守就《もりなり》が、計略により稲葉山城を乗っ取り、国主龍興を城から追い出してしまったのである。城は、半年ほど重治たちが占拠した後、龍興に戻される。

この事件により、斎藤家内部の不協和音が明らかとなり、信長による調略活動が活発化。永禄九年には、美濃と尾張の国境に位置し、交通・軍事上の要地である墨俣《すのまた》の地に城を築くことに成功する。美濃と尾張の緩衝地帯にあり、川並衆と呼ばれる土豪を集め、わずか数日で城を完成させたのは木下藤吉郎秀吉で、そのまま城を預けられ、三〇〇〇人で守ったと『武家事紀』は伝えている（不明な点が多く、様々な議論がある。墨俣築城の経緯が克明に記録されている前野家古文書は偽書説も根強く、資料としての信頼性には意見が分かれる。江戸期成立の『甫庵太閤記』等の物語本にしか登場しないため、一夜城の伝承自体を否定する説もある）。このように、秀吉は、織田・斎藤両者に与しない土豪たちを取り込み巧みに懐柔していった。

永禄一〇年（一五六七）、斎藤家の重臣で美濃三人衆といわれた稲葉伊予守（一鉄）、安藤伊賀守（道足）、氏家直元（卜全）が、織田家に内応するという美濃攻めの好機が到来。三人衆は稲葉山城に龍興を攻め、信長もすぐさま美濃へと侵攻、瑞龍寺山から城下の井ノ口まで攻め入り、焼き討ちしている。その後、美濃衆が降伏、龍興は長良川を下り、伊勢長島へと落ちて行った。

一〇年来の念願であった美濃攻略は、わずか半月ほどで成就したのだった。

稲葉山城へと入った信長は、次々と新しい施策を実施。百姓保護のために戦乱で荒れた地の回復と還住を命じるかたわら、城下の加納市場を「楽市場」とし、移住者には信長分国における自由な往来を保障した。翌年には、高札で「楽市楽座」としている。

美濃攻略の二年前、奈良興福寺一乗院の門跡だった覚慶（足利義昭）から出兵の御内書が届いた折、細川藤孝に「上意ありしだいお供するつもりでいる」との返書をしたためていた信長は、美濃奪取によって上洛が夢でなくなると、「天下布武」の四文字を印文とする印判状の使用を開始。「武をもって天下を治める」という意味を持つこの印文は、政秀寺の開山となった妙心寺派の禅僧沢彦宗恩《たくげんそうおん》が進言したと言う。併せて、周の文王（姫昌）が岐山から興って天下を得た故事に倣《なら》い、城下の地名を「井ノ口」から「岐阜」に改めた。

岐阜に入城を果たした信長は、こうして天下統一を内外に宣言したのである。

図3-1　岐阜城跡を望む

フロイスの見た山麓御殿

新たな拠点とした岐阜城は、大規模な改修を受けることになる。小牧山では、未開の地に新たな城と城下を築き上げたが、岐阜では、稲葉山城の構造を踏襲しつつ、大規模な改修を施していった。山麓部・山上部も、ともに石垣を導入し、曲輪面積を拡大、居住施設はすべて新造し、特に御殿は四階建ての豪壮華麗なものとなった。だが、地形的制約もあったためであろうか、山麓と山上部という二元構造は維持されている。信長は、岐阜の町に長くいるつもりはなかったのだろうか。あるいは、上洛後の移転を見据えていたのかもしれない。いずれにしろ、小牧山で培った技術と経験を生かしつつ、岐阜の地形を巧みに取り入れた城と城下が築かれた（図3－1）。

信長の築いた岐阜城の姿をもっとも克明に伝えるのが、イエズス会宣教師ルイス・フロイスの記録である。フロイスの記録は、『リスボア国立図書館所蔵写本』『アルカラ版イエズス会士書簡集』『エヴォラ版日本書簡集』『日本史』の四種の史料に含まれている。このうち、『日本史』のみ刊本となっているため、もっとも引用されている。

近年、岐阜市教育委員会の髙橋方紀氏が四種の記録を比較検討し、新知見を公表しているため、本論では『日本史』をベースにするが、新知見が示されている部分については〔　〕書きとし、書き加えることとした（小字の（　）は筆者による補足）。

永禄一二年（一五六九）、城を案内されたフロイスは、信長の容姿や声、家臣や諸国の大名に対する信長の態度までをも伝えている。以下、フロイスの記載の中で、岐阜城山麓御殿の姿かたちを伝える部分を列記し、岐阜城について検討したい。

〈宮殿は非常に高いある山（金華山）の麓にあり、その山頂に彼の主城（奥向御殿）があります。驚くべき大きさの截断されない〔石はあまりに大きく、つなぎ合わせるのにまったく石灰を必要としない〕石の壁〔石の囲い〕がそれを取り囲んでいます。第一の内庭〔広場〕には、劇とか公の祝祭を催すための素晴しい材木でできた劇場ふうの建物があり、その両側には、二本の大きい影を投ずる〔日陰をつくるための〕果樹があります。広い〔長い〕石段を登りますと、ゴアのサバヨのそれより大きい広間に入りますが、〔また、一本の木からなる部屋を横切る梁があります〕前廊と歩廊がついていて〔見晴らし台と縁があって〕、そこから市《まち》の一部が望まれます〉と、最初の建物のことが記される。

この後、注目される記載が見られる。〈たとえその寵臣であっても、彼が明白（な言葉で）召喚したのでなければ、（誰も）この宮殿の中へは入らぬのであり、彼は入った者とは外の第一の玄関〔最初の家、部屋〕から語るのであります。当時、いっしょに入ったすべてのかの殿たちにとっても、宮殿を見るのはこれが初めてのことでありました〉と、宮殿内に入ったことのある人が、ほとんどいなかったことを伝えているのだ。

次いで〈(宮殿) 内の部屋、廊下、前廊、厠《かわや》の数が多いばかりでなく、はなはだ巧妙に造られ、もはや何もなく終りであると思われるところに、素晴しく美しい部屋〔座敷〕があり、その後に第二の、また多数の他の注目すべき（物）が見出されます。私たちは、広間の第一の廊下から、すべて絵画と塗金した屏風《ビョウブ》で飾られた約二十の部屋〔一五から二〇の座敷〕に入るのであり、人の語るところによれば、それらの幾つかは、内部においてはことに、他の金属をなんら混用しない純金で縁取られているとのことです。その周囲には、きわめて上等な材木でできた珍しい前廊が走り〔地面に触れんばかりの高さの縁が囲み〕、その厚板地は燦然と輝き、あたかも鏡のようでありました。前廊の壁〔羽目板〕

は、金地にシナや日本の物語《イストリアス》（の絵）を描いたもので一面満されていました。この前廊の外に、庭と称するきわめて新鮮な四つ五つの庭園があり、その完全さは日本においてはなはだ稀有なものであります。それらの幾つかには、一パルモ（約二〇《セン》チ）の深さの池があり、その底には入念に選ばれた鏡のように滑らかな小石や眼にも眩い白砂があり、その中には泳いでいる各種の美しい魚が多数おりました。また池の中の巌の上に生えている各種の花卉《かき》や植物がありました。下の山麓に溜池があって〔その山から大変良質の水が流れており、それを堰き止めて〕、そこから水が部屋に分流しています。そこに美しい泉があり、他の場所にも、宮殿の用に思いのまま使用できる（泉があります）〉と、宮殿の一階の様子を描く。

二〜四階の様子は、次のように伝えている。

〈二階には婦人部屋〔奥方の私室と部屋、および侍女たちの部屋〕があり、その完全さと技巧では、下階のものよりはるかに優れています。部屋には、その周囲を取り囲む前廊があり、市《まち》の側にも山の側にも〔見晴らし台があり〕すべてシナ製の金襴の幕が懸り、（山の側では）小鳥のあらゆる音楽（が聞こえ）、きわめて新鮮な水が満ちた他の池の中では鳥類のあらゆる美を見ることができます〉

〈三階は山と同じ高さで、一種の茶室が付いた廊下があります。それは特に精選されたはなはだ静かな場所で、なんら人々の騒音や雑踏を見ることなく、静寂で非常に優雅であります。三、四階の前廊からは全市を展望することができます〉

その後、『日本史』以外の三記録には、〔身分の高き貴人や主だった人々のすべてが、宮殿を出てすぐの大変長い通りに自身の家を新築しており、政庁に仕える者以外（の人の家）はまったく混じっておりません〕と、城下の様子が記されている。

最後は、茶の湯の室〔はなはだ工夫を凝らした庭のある茶の座敷〕で、高価な茶道具を見たフロイス一行は、下の一階の部屋に戻り、そこから出て、第一の広間の他の前廊〔別の縁〕に行き、そこで各種の食物（おやつ）を供され、宮殿を後にしている。

この信長の宮殿には何人も登城してはならないのが、厳命かつ犯すべからざる禁令で、登城を許可されているのはごくわずかの人でしかなかった。そのため、信長と面会を望む者、政庁に用件のある者は、信長が城から出て宮殿に下りてくるのを途上で待ち受けるしか方法がなかった。信長はフロイスに対し、〈内裏も公方様も気にするには及ばぬ。すべては予の権力の下にあり、予が述べることのみを行ない、汝は欲するところにいるがよい〉と言ったという。この時点で、信長は将軍に匹敵する、あるいはそれ以上の権力を掌握し、カリスマとして君臨していたことがうかがえる。

問題は、こうしたフロイスの記載をどう理解するかである。

図3-2　岐阜城の山麓居館（考証：加藤理文、CG制作：中村宣夫、提供：碧水社）

まずは単純に、このフロイスの記載から判明することを考えてみたい。

あらためて整理すると、信長が山麓に築いた御殿（宮殿）は、金華山の麓にあった（図3－2）。その御殿一帯は、小牧山城の主郭と同様に、巨石によって取り囲まれていた。門を入った最初の空間には公的行事を執り行う劇場風の建物（公式の場＝表御殿または主殿）があり、その両側に日陰をつくるための果樹が植えられていたという。

ここから宮殿へと入る。この宮殿は閉じられた空間で、信長の許可なくして誰一人入ることはできなかった。宮殿の一階内部へは石段を上って、市外の一部が一望される縁側の付いた広間に入っている。広間からは廊下を通じて、屏風で区切られた一五から二〇の座敷があり、純金製の飾り金具や釘が用いられていたという。周囲には漆塗りの廻り縁があり、壁には中国や日本の物語が描かれ、縁の外側には、五ヵ所前後の庭園が観賞できたようである。底に白い砂や小石が敷かれ、さまざまな魚が泳ぐ深さ二〇チセンほどの池を持った庭園や、山から流れ出る水を溜めたため池があり、そこから水を各部屋へと引き入れていたという。また、池には岩（島）があり、花や植物が生えていた。

二階は奥方の私室と部屋、および侍女たちの部屋で、一階以上に煌《きら》びやかで、中国製の金襴の幕がかかっていた。周囲には縁が廻り、山側からは鳥のさえずりが聞こえ、池にはさまざまな鳥類が集まってきていた。三階（屋根裏階の可能性有り）は山とほぼ同じ高さとなり、廊下で繋がった茶室が存在、ここは静寂な空間で城下の喧騒もまったく届かない優雅な場所であったという。

三、四階の廻り縁からは全市が一望された。山麓御殿の前の長い通りには、信長配下の武将たちが新築した屋敷地が広がっているのも見えた。その後、非常に工夫を凝らした庭付きの茶室に案内され、信長所蔵の高価な茶道具を見ている。そこから再び一階の広間へ戻り、最初とは違う縁側で砂糖菓子を食し、宮殿を後にすることになる。

フロイスの記録が極めて貴重なのは、時系列で見学順に記していることで、詳細に分析すれば山麓御殿の詳細な位置関係までも把握できる点に尽きる。

発掘された山麓御殿とフロイスの記録

では、岐阜城の実態はどうだったのか。昭和五九年（一九八四）の調査を皮切りに、平成二八年現在、山麓居館の全容解明のための第四次調査が継続中である。これまでに判明している発掘調査成果をここでまとめておく。

山麓居館最大の特徴は、居館部の中央部を流れる槻谷《けやきだに》の谷川を巧みに取り込み、その左右の谷筋を階段状に造成し、曲輪面を設けていることである。槻谷の流れも、巨石によって護岸し、見せるための施設に改造されていたことには驚かされる。また、曲輪面も巨石や石垣によって区画され、金華山の岩盤を利用し、いくつかの庭園を設けてもいる。山麓部の最下段から最上段（最奥部）の曲輪までの高低差は三〇メートル近くもあり、あたかも山麓部の全体が一つの見せるための空間として機能しているようである。

試掘および発掘調査によって以下のようなことが判明している。まず、岐阜市歴史博物館北側の噴水東側で門遺構を想定。最下段平坦地の東側斜面で巨石列を確認、巨石の抜き取り痕は、現在の茶店や植木屋の北側冠木《かぶき》門南側斜面等でも確認された。巨石列が、「宮殿を区画する驚くべき大きさの截断されない石の壁〔石の囲い〕」と考えれば、この巨石列より内部が信長の召喚がなければ、何人も入ることはかなわなかった「閉じられた空間」

図3-3　整備された山麓巨石列の通路（図3-4の矢印が指す箇所）

ということになろう。従って、試掘調査で確認された門が「宮殿の門」で、その北側あたりに公的行事を執り行う劇場風の建物が想定される。通常の人々は、ここで信長と対面している。フロイスの記録にある六〇〇人以上の人々が待つことができる空間は、これより上（奥）では敷地面積の関係から考えにくい。

なお、フロイスの記録にある「日陰をつくるための大きな二本の果樹」であるが、後にフロイスは信長より「日本できわめて珍重される美濃の干した無花果《いちじく》（干柿）」を与えられていることから、柿の木の可能性が高い。柿の木とすると、干し柿にするための蜂屋柿（美濃柿）であったと思われる。

昭和五九年の調査で確認されたのが、巨石に囲まれた鉤《かぎ》の手に折れる巨石列通路（図3－3）で、西下の平坦面E地区（公式の場）とは約四㍍の高低差があり、距離的には六五㍍ほど登ることになる（図3－4）。ここから道は巨石列通路を鉤の手に折れながら進んだ後、右折してC地区へと入るわけだが、通路下のE地区とは一五㍍ほどの高低差が存在す

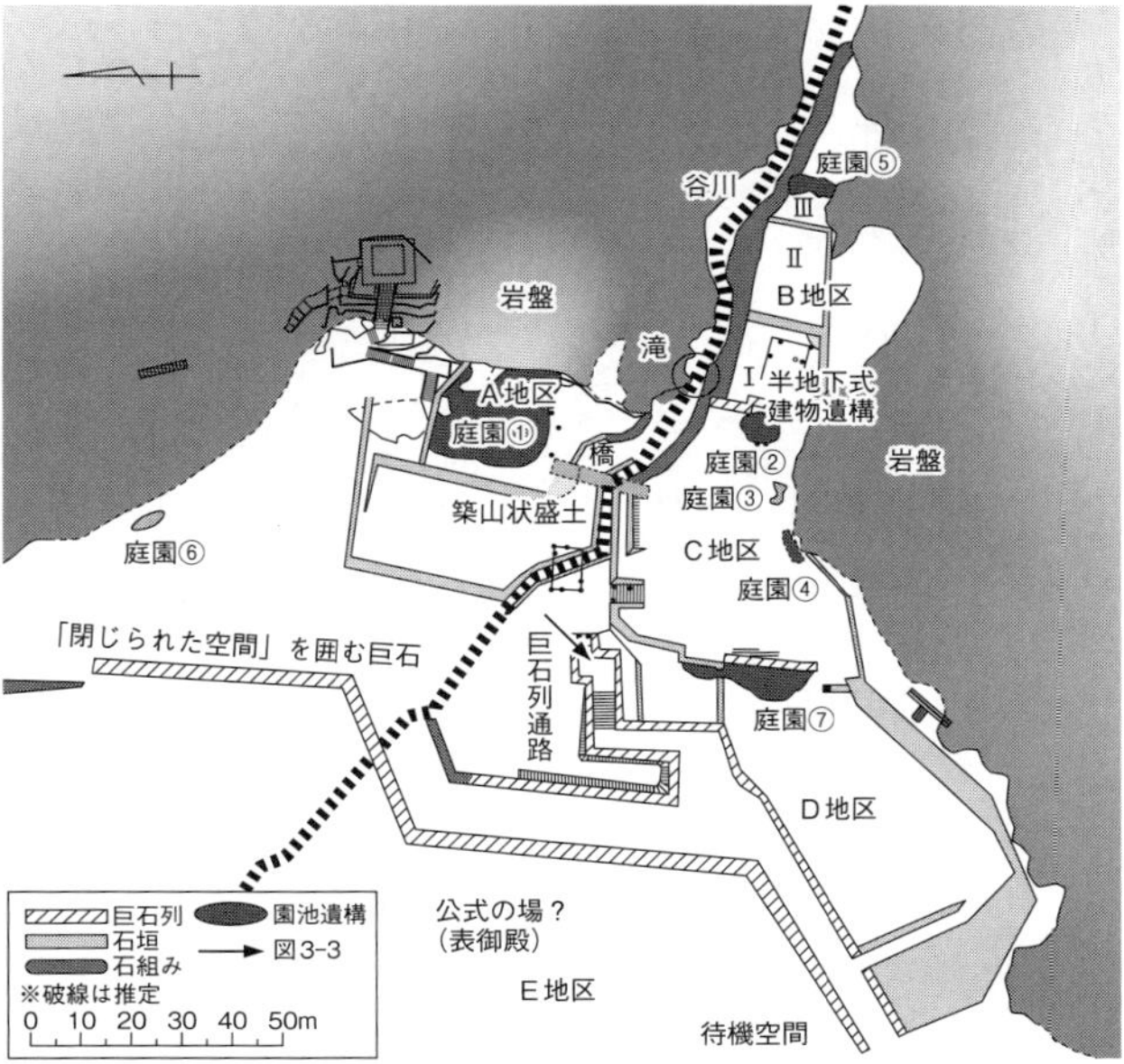

図3-4　山麓居館地形復元図
（「美濃岐阜、織田氏館の調査成果」井川祥子2016に修正加筆）

る。この巨石列通路が、〈広い〔長い〕石段を登り〉と表記された部分であろう。通路部分の石垣は現状の一石の可能性が高く、二石、三石と積み上げていたとは考えにくいという。

C地区は山麓最大面積を誇る平坦地で、二つの時期の石垣を検出した。最初の整地面には段差が存在するなど不自然で、工事途中で設計変更し、大規模に拡張していたことが判明した。西斜面下で、巨石列と石垣で区画された池（庭園）を確認。水は巨石上部から池に注がれ、池からあふれた出た水は、水路を通って一段下の石垣前で地下に浸透させている。この池の中だけ金箔瓦が多数出土することから、金箔瓦を用いた建物が庭園背後の上部に存在した可能性が高まった。従って、このC地区が居館中枢部で、広間および四階建ての建物が存在した場所と考えられる。なおC地区への入口であるが、小牧山城同様の石段の上を覆う建物であった可能性が高い。

C地区の背後に三段の削平地が存在し、C地区より約五㍍高いBⅠ地区は東と南側を石垣で囲まれ、中央に半地下式の蔵のような壁構造を持つ建物を確認。その背後に、やはり五㍍高く、石垣で区画されたBⅠ地区と同規模の平坦面（BⅡ）がある。ここでは、建物跡は確認されていない。さらに、三㍍ほど高い最上段の平場では、池の遺構と礎石の一部が検出されている。BⅠ地区の半地下式の蔵状建物が、信長の所蔵品の保管蔵であった可能性は高い。また、その上の二段の平場（BⅡ・Ⅲ地区）にも、何らかの建物はあったと思われるが、雑庫のような建物と推定される。

庭園遺構についても確認しておきたい。フロイスの記録では五～六となっているが、これは実際に見た数なのか、あるいは伝聞も含めているのかは、その記述からはっきりしない。発掘調査では、規模や意匠が異なる庭園が確認された。このうち池は都合五ヵ所で、最大規模の庭園①の池は二〇㍍四方ほどの広さを持ち、水深は七〇㌢ほど。東側の高さ約三〇メートルの岩盤と、その上から流れ落ちる二本の滝を借景とし、北側は石垣や巨石で護岸され、南側には州浜が広がっていた可能性がある。池の南と北に、庭園観賞用と推定される建物跡も確認されている。

庭園②～④が居館推定地にある庭園で、②は川原石を敷き詰めた池がある庭園、③は円礫を敷き詰めただけの庭園、④はチャート石材で護岸された池あるいは流れで、円礫石敷も認められている。②～④は居館部の南側岩盤を借景にして連なる一連の庭園となる可能性が高い。

庭園⑤は最上段に位置し、川原石を敷き詰めた州浜と景石《けいせき》を持つ池と階段で構成。⑥は対岸の平坦地に位置する扁平な石を敷き詰めた枯山水のような庭園、⑦が居館部下段に位置し、巨石を借景に川原石を敷き詰め、景石を配した池からなる庭園である。

フロイスの記録に当てはめれば、①が「山から流れ出る水を溜めたため池」「さまざまな鳥類が集まる池」で、②～④が、「深さ二〇センチほどで、底に白い砂や小石が敷かれ、さまざまな魚が泳ぐ池を持った庭園」「非常に工夫を凝らした庭」ということになろうか。

以上、発掘成果とフロイスの記録の対比である。あらためて整理すると、山麓居館は巨石列を境とし、その前面に公的行事を執り行う劇場風の建物（公式の場＝表御殿または主殿）を配置。その周囲に広がる広場は供の者や家臣たちの待機場所で、日よけのための二本の果樹（柿木）が植えられていた。巨石列より中が、信長の許可なく誰も入ることができない「閉じた空間（信長の私的空間＝奥御殿）」になる。巨石に囲まれた長い石段（通路）の先に、槻谷の流れを巧みに取り込んだ庭園と御殿建築が広がっていた。最下段に位置する最初の建物は一階建ての巨大な建築で、内部の広間は金銀の飾り金具で装飾され、絢爛な襖絵に囲まれていた。歩廊によって次の建物へと続く。内部へは石段によって入る構造であった。

南側に隣接する建物は四階建てで、二階は婦人たちの私室および侍女たちの部屋があり、周囲に縁が廻り、市と山側両方の眺望が開けていた。ここからは、槻谷川の対岸に位置する岩盤から流れ落ちる滝の水を溜めた大規模な庭園が眺められた。この庭園には、槻谷に架けられた橋によって往来が可能であった。三階は城下の喧騒も届かない非常に静寂な空間で、すばらしい茶の座敷が存在。三、四階にも縁が廻り、城下が一望された。この建物一階からは歩廊が延び、最奥にある山肌を借景にし工夫を凝らした庭を持つ茶の湯の室へ行くことができたと思われる。

フロイスによれば、岐阜城は信長が「掌握した権力を示すためと、他の戦国大名以上の力をもっていることを誇示するため」に築いたとし、さらに「自分の慰安と娯楽」にしたとも記している。槻谷全体の景観を巧みに引き入れ、岩山を庭の借景に取り込み、豪華絢爛な建物群を配置。さらに、二ヵ所の茶室も設けられていた。建物の外観こそはっきりしないが、縁や見晴台を持つ四階建ての建物はまるで金閣か、のちに築かれた飛雲閣のようでもある。都へ入った信長は京都のすぐれた建物もすべて見てまわり、それらのすべてにまさることを欲したのであろう。

さらにフロイスは岐阜城を「地上の楽園」と呼び、インドのゴアにあったポルトガルのインド総督邸を引き合いに出し、それ以上にすばらしいと賞賛している。都から公家や商人など、引きもきらず信長に面会を求めて集まり、中に入れない人々は信長と話をするために、通路で待ち受けていた。御殿からは城下が一望されたと記されるが、当然城下からも豪華絢爛な御殿の一部が望まれたはずである。

全容を見ることのできない城下の人々は、わずかに望まれる華麗な姿に羨望と畏怖をこめて「信長の極楽」と呼んだのである。

「山上の城」の様子と構造

信長からの許可（朱印状）を得たフロイスは、別れの挨拶のために信長の元を訪れた。すると、城を見せたいので出発を二日延期するように言われ、日を改め、柴田勝家の案内で山上の城に登っている。以下、そのシーンを紹介する。

〈「（城のある）山は大変高く険しく、道中難儀をしたことを察してください。」山に登って行く途中に、一つの堡塁（砦＝曲輪）が設けられており、その下には人々が通る非常に大きい入口が付いていました。（堡塁の）上部には、十五ないし二十名の若者が昼夜つめかけ、不断の見張りに当っており、互いに交替していました。上の城に登ると、入口の最初の三つの広間には「入口に続いて二、三の広い座敷があり」、約百名以上の若い貴人がいたでありましょうか、彼らは各国の最高の貴人たちの息子らで、十二ないし十七歳であり、下へ使命を届けたりもたらしたりして信長に奉仕していました。同所からは何びともさらに内部へは入れませんでした。なぜならば、彼は内部においては、婦人および姫君（信長の娘）、息子たちによってのみ仕えられていたからであります「ここから中へ入る者はなく、侍女たちや彼の息子である王子が従えています」。（息子たちとは）すなわち奇妙《キミョウ》（信忠）とお茶筅《オチャセン》（信雄）で、兄は十三歳、弟は十一歳くらいでありました。

「私は別れの進物としてシャツ一枚、シェイラ（綿の布地）のシロウラ（ズボン下）、赤い上履きを持参、柴田殿が進物を携えて先に行きました。」私たちが到着しますと「信長はすぐさまシロウラと上履きを身につけ」、（信長）はただちに私たちを呼ばせ、私たち、ロレンソ修道士と私は中に入りました。彼は次男に茶を持参するように命じました。彼は私に最初の茶碗をとらせ、彼は第二番目のをとり、第三のを修道士に与えさせました。同所の前廊から彼は私たちに美濃と尾張の大部分を示しましたが、すべて平坦で、山と城から展望することができました。

この前廊に面し内部に向かって、きわめて豪華な部屋〔座敷〕があり、すべて塗金した屏風で飾られ、内に千本、あるいはそれ以上〔二〇〇〇本ほど〕の矢が置かれていました。

彼は私に、インドにはこのような城があるか、と訊ね、私たちとの談話は二時間半、または三時間も続きましたが、その間彼は、四大〔元素〕の性質、日月星辰、寒い国や暑い国の特質、諸国の習俗について質問し、これに対して大いなる満足と喜悦とを示しました。

（中略）その後しばらくして彼は立ち上がって内に入り、私はひとり前廊に留まっていました。そこへ彼は思いもよらず自ら私の食膳を持って戻って来、次男はロレンソのために別の食膳を運んで来て、（中略）私たちがこの〔たいへん豪華な〕座敷《ザシキ》で食事をしました後、信長が（まだ）内にいました間、その息子である君は袷《アワセ》と称する絹衣、および他のはなはだ美しい白い亜麻布（帷子）一枚を携え（て来て）、父君は、貴殿がさっそくこれを着るように申されました、と語り、ロレンソ修道士には別の上等な白衣〔帷子〕を（贈りました）。私たちがそれを着ました時に彼はふたたび自分がいた場所へ私たちを呼びました。そして私たちを見ると非常に満足し、「今や汝は日本の長老のようだ〔よく似合っている」」と言いました。（中略）そして彼は私たちに別れを告げながら、柴田殿を呼び、私たちに城の全部を見せるように命じましたが、彼はそうしたことを大いなる愛情に満ちた言葉でしたのでした〔この後、国主は柴田殿を呼んで、城の全部を見せるように命じ、愛情のこもった言葉で別れを告げたのです〕〉

このように記録されてはいるものの、山麓御殿の記述に比較し、その情報量は著しく劣る。城郭規模も小さく、信長との面会場所に行くために、記録に書き留めるに足るような建物がなかったことも想定されよう。また、城の全部を案内されたのが、信長と別れた後であったため、記録に留めなかった可能性もある。

現状遺構から見た山上の城

岐阜城の山上部が築かれた金華山（標高三二九メートル）は、全山チャートの険しい断崖の山で、自然地形の切り立った崖が散在する。この自然地形そのものが天然の要害として機能する山城であった。

信長・信忠が城主となった後も、三男・信孝、池田元助・輝政、豊臣秀勝、織田秀信と城主が交替し、関ヶ原合戦前哨戦の舞台となった際、落城。その後廃城となり、破却されたようである。従って、現在残る石垣等の遺構が、いつの時代のものなのかははっきりし

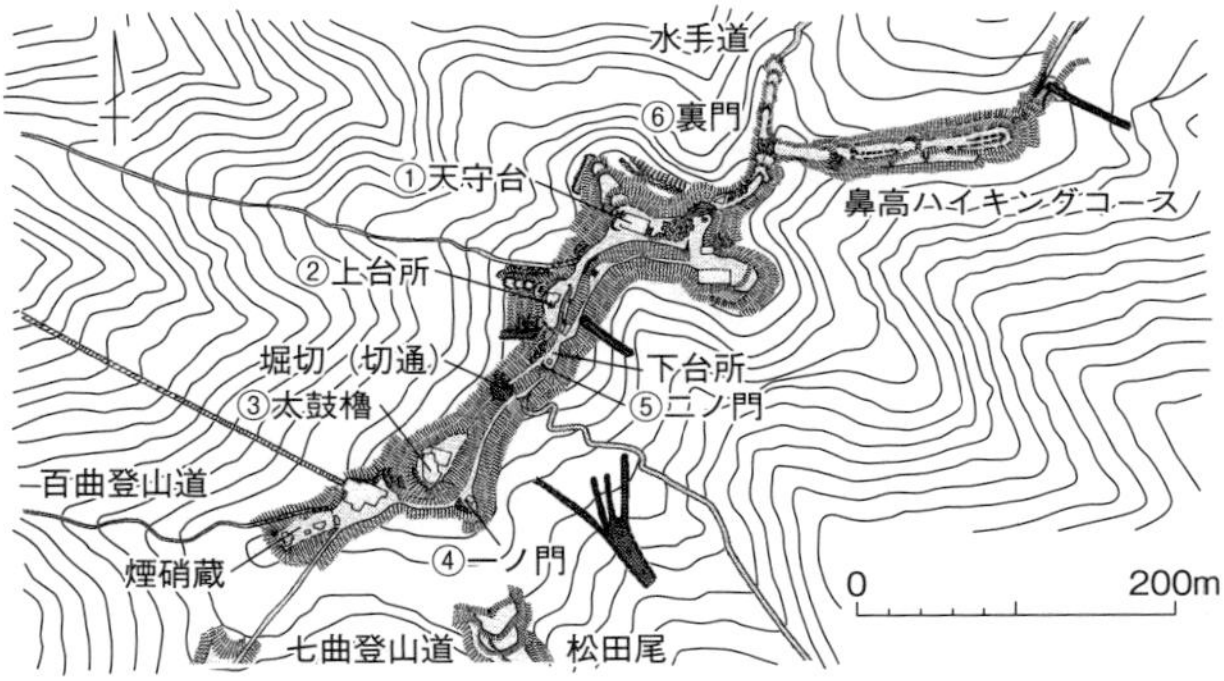

図3-5　岐阜城山上縄張図（作図:中井均、『国史跡岐阜城跡』岐阜市教委2015より）

ない。

山上部（図3－5）は馬の背のような狭い岩盤地形であるため、石垣を利用した拡張も自然地形に左右され、通路の拡幅、あるいは石垣を利用した上部建物の変更が主であったと推定される。従って、主要部に至る尾根筋に三〇ヵ所以上の砦を設け、全山城塞化が図られていた。登城路は、江戸期の絵図では「七曲道」（大手）「百曲道」「水手道」の三本が描かれているが、これに「馬ノ背道」を加えた四本が、山麓居館側からの登城路になる。この他、瑞龍寺山から相場山を通る尾根伝いの道など、いくつかの登城路が存在する（現在は、一〇本の登山道が存在する）。

山上部で、中心的な建物の構築が可能な広さを持つのは、

① 現天守台周辺

② 上台所
③ 太鼓櫓

の三ヵ所でしかない。また門は、

④一ノ門
⑤二ノ門
⑥裏門

の三ヵ所が確認され、いずれの門も江戸時代に山上の門と考えられていた場所になる。

これらのことから、山上城郭部の範囲は、七曲道と百曲道の合流地点の「追分」の南西の曲輪（煙硝蔵跡）から裏門までの尾根筋上に展開していたと思われる。元禄期（一六八八〜一七〇四）成立と推定される「稲葉城趾之図」（図3－6）でも、石垣が描かれているのはほぼこの間である。

山上部における山麓居館部と同様の巨石列の石垣は一ヵ所のみで、他は小形・中形石材をほぼ垂直に積み上げたものである。巨石列の石垣は「一ノ門」の東側でしか見られな

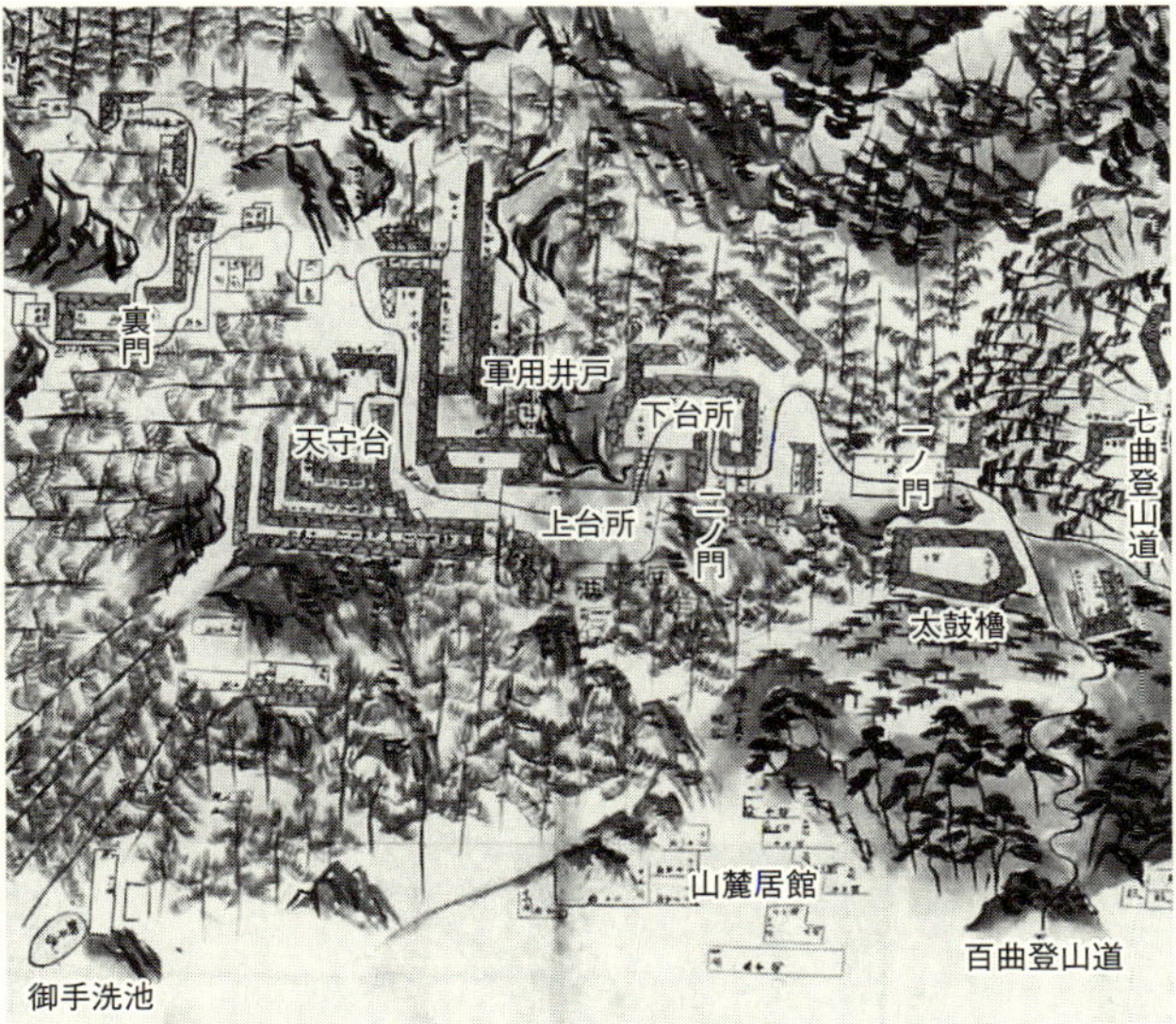

図3-6　稲葉城趾之図（部分、伊奈波神社蔵・岐阜市歴史博物館寄託）

い。現在は倒れている石材もあるが、かつては山麓居館同様立て並べていたのであろう。

次に、「二ノ門」南面におよぶ、一段南下の石垣で、門南面は隅角部のみ巨石を使用するが、列を呈してはいない。

下台所の東斜面に二段の石垣の一部が、下台所から井戸に向かう東斜面の竪堀手前に一ヵ所隅角を持つ石垣も残る。

上台所の周囲に現状では石垣は確認できないが、ここから天守台の間を繋ぐ両斜面に石垣が残る。特に、東側斜面の石垣は良好な形で現存する（図3－7）。この石垣

図3-7　天守台への通路下の二段の石垣

は、石材を横方向に置いて積み上げた丁寧な石垣で、高さは三〜四メートル、段築状に二段となるが、下部石垣上部が踊り場となり、南側に石段状の遺構も見られる。

天守台の曲輪周辺には多くの石垣が残るが、再建天守構築時の物が大半で、どれが往時に遡る石垣かが判然としない。北西斜面に見られる三段の段築状の石垣は、往時の石垣としても良いのかもしれない。もっとも東端の石垣は、裏門を越えて東に延びる尾根の先端に位置し、竪堀の南側に「コ」の字状に残る。

前掲の「稲葉城趾之図」には、裏門および水手道周囲に石垣が描かれているが、現状では確認できない。また、太鼓櫓（現・レストラン）のある曲輪は、山上で唯一の石垣囲いの曲輪で描かれるが、こちらも現状では確認されない。この他、煙硝蔵から七曲道周辺にも石垣が見られる。天守台については、西面と北面にそれぞれ四段の段築状の石垣が描かれている。

こうした現状および絵図等の石垣の分布から、フロイスの記載に見られる「山の途中の堡塁の下に設けられた大きい入口」が「一ノ門」。この「門の上に一五～二〇名の若者が交代で見張りをする堡塁」が、絵図で唯一の石垣で囲まれた「太鼓櫓」曲輪で、城の入口を守る要であった。ここ（一ノ門）から「上の城」に登っているが、山上部では、前述の三ヵ所以外に建物を建てるだけのスペースを見出すことはできない。

従ってフロイスの記載にある建物は、この三ヵ所のいずれかであった。太鼓櫓は堡塁の可能性が高いため、上台所から天守周辺に広間や座敷が広がっていたことになる。入口を入ると、一〇〇名以上の若い貴人がいた三つの広間〔入口に続いて二、三の広い座敷〕があったとされ、フロイスは、この奥の誰も入ることのできなかった奥御殿へと招待され、お茶と食事のもてなしを受けている。前廊（縁側）からは、尾張と美濃の平野の大部分が見えたと記す。

絵図や現況から広間が「上台所」、奥御殿が「天守台」と考えられる。ちなみに近世には、上台所から模擬天守へ続く道を「廊下の跡」と総称していた。フロイスは、山麓居館では二階、三階という表現をしているにもかかわらず、山上では二階や三階を一切用いていない。「前廊」と記すからには、二階や三階があれば間違いなく記載するであろうことから、山上部には重層建築がなかった可能性が高い。この場所は、金華山最高所に位置するため、重層建築がなくとも四方への視界が広がっていたことは確かである。永禄一二年時点では、天守に相当する建築が山上には存在していなかったのである。天守建築は、信忠が織田惣家の家督を譲られた天正三年（一五七五）以降に、織田家の格式と後継者たる地位にふさわしい体裁とするため建築されたとするのが妥当であろう。

山科言継が見た岐阜城

フロイスが岐阜城を訪れたのと同年、『言継卿記』を著した権大納言の山科言継も、信長に会うために岐阜を訪れている。言継の目的は、徳川家康から後奈良天皇の十三回忌法会の財源を献金してもらうことであった。言継の日記は、フロイスのように岐阜城の姿形を記してはいないが、その記録を補完する内容となっている。

言継は、武井夕庵《せきあん》から、閉じられた空間（山上部もしくは山麓居館）から信長が外へ出てくる予定で、その道すがら面会がかなうようにするので待機していてほしいと言われている。これは、フロイスの「信長と面会を望む者、政庁に用件のある者は、信長が城から出て宮殿に下りてくるのを途上で待ち受けるしか方法がなかった」という記録と合致し、たとえ権大納言であろうと約束がなければ会うこともかなわなかったことを裏付ける。

この後、信長から「上之権現」などの山上部の方々の見物を許可され、七曲道から登り、山上で接待されている。言継は、山上部の建物等の様子を記録してはいないが、山上部からの眺めは「言葉に尽くせないほどの絶景である」と記録しており、これまたフロイスの記述と一致する。フロイスの記載に見られない「上之権現」と呼ばれる権現堂の存在が記されており、山上部に宗教施設があったことが判明する。

信長時代の岐阜城下町の様相

江戸時代の延宝三年（一六七五）、岐阜・長良の商人中島両以が記した『中島両以記文』に、斎藤道三が稲葉山を居城とするため、丸山山上にあった因幡権現社（伊奈波神社）を現在地に移し、稲葉山城を大改修し、西麓に居屋敷を設けたとある。この時、併せて城下の整備を実施、七曲通は井口（地元）の百姓たちが、百曲通には大桑の町人を集めて町屋を建設したという。この町屋は惣構で囲まれ、三ヵ所に入口があったとされる。『中島両以記文』には、信長が岐阜と改め、尾張の町人たちに空穂屋《うつぼや》町と新町を作らせたと記す。

当時の岐阜城下の様相を描いた最古の絵図「濃州厚見郡岐阜図」（承応三年〈一六五四〉作成／図3－8）と『中島両以記文』の記載は極めて酷似しており、信長が道三の築いた城下を再整備して利用したことが推定される。金華山西麓から延びた東西通路の百曲通・七曲通という二筋の主要道に南北道路を交差させ、それぞれの両側に町割が施されていた。道三時代は、稲葉山の西麓前面主要道沿いが中心だったと推定される。

信長は焼失した城下の再整備を実施するが、基本的な町割は踏襲し、さらに西側へと拡張、伊奈波神社西麓前面にも新たな町屋を構築したと思われる。フロイスの記載から、町屋の再整備にあたって、山麓居館の前面に重臣屋敷を配し、その外側から梶川堀によって区画されるまでの間に侍屋敷を配したことが想定される。その外側に町屋と侍屋敷が混在する地区があり、土塁と堀の惣構で囲まれていた。小牧山の城下では、一方向のみに惣構が見られたが、岐阜城下は金華山を「コ」の字に三方を取り囲む姿であった。この町を囲う惣構の成立が、道三時代まで遡るのか、信長が築いたのか、それともそれ以後の造作なのかははっきりしない。

いずれにしろ城下西を南北に流れる長良川の存在が、城下建設に大きな影響を与えたことは間違いあるまい。城下を維持するためには、長良川の治水は欠かせなかった。西側土塁の成立は、惣構というより洪水対策のための土手として築かざるを得なかったと考えられる。問題は、伊奈波神社西麓前面の惣構の成立の時期だが、空穂屋町の成立が信長段階とするなら、惣構の成立も信長段階とするのが妥当と思われる。

楽市楽座で有名な加納市場は、惣構のさらに南に位置していた。また、惣構北側の長良川との間に舟木座があったとされる中河原が位置する。信長は舟木（燃料となる材木・薪炭

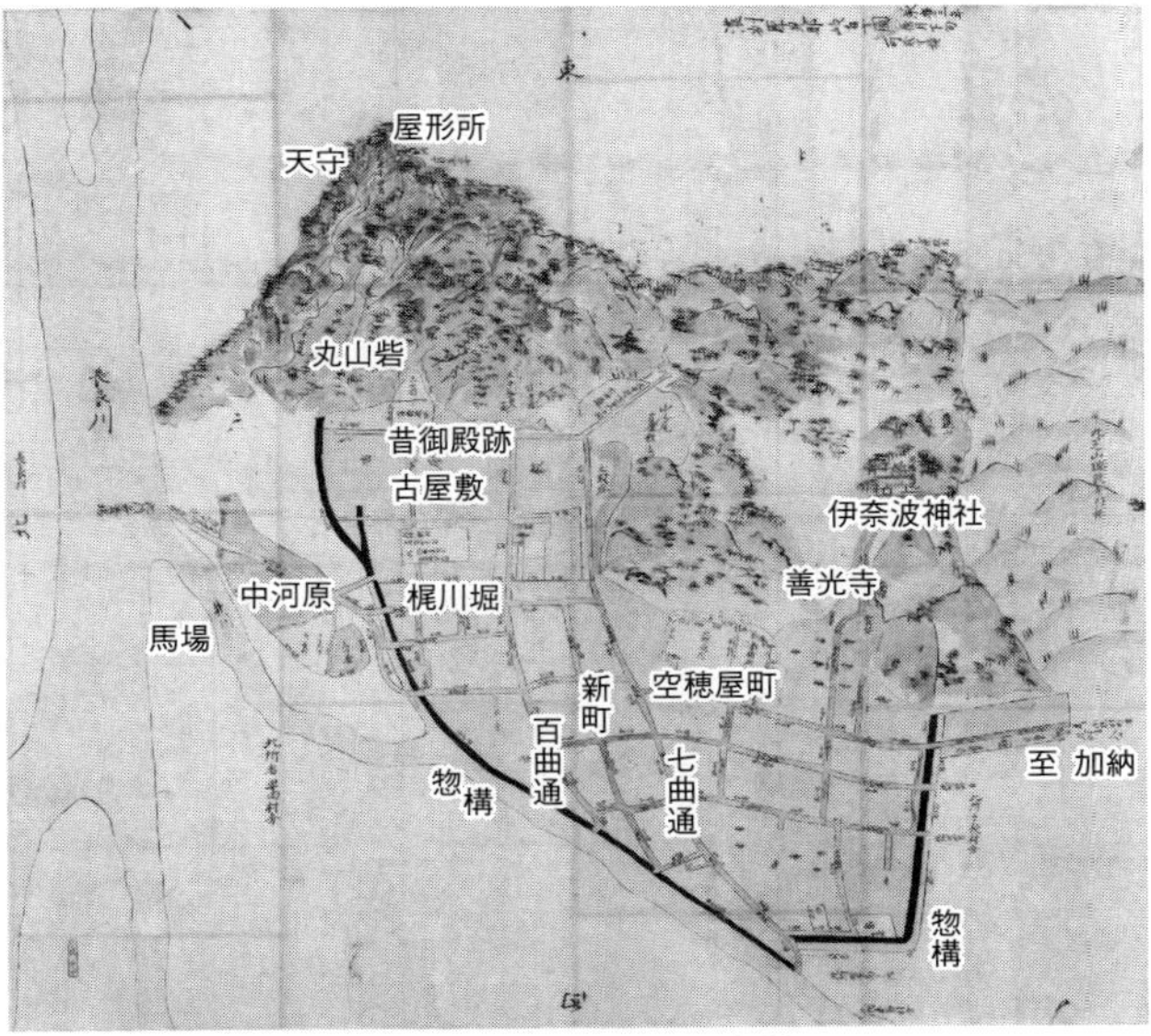

図3-8　濃州厚見郡岐阜図（部分、名古屋市蓬左文庫蔵）

類）の特権を保護し商取引の独占を認める傍ら、加納市場への移住者には、信長分国における自由な往来を保障、市場内での課税・労役の免除、市場内の警察権力の介入を認めないとした楽市場ともしている。信長は新たな領国支配ということもあって、旧勢力の持つ特権的権利を一気に剝奪することをしなかった。だが、楽座を認めるなど新機軸との融合をはかりつつ、城下経営に当たろうとしたのである。小牧山城下はゼロからの建設であったが、岐阜城下は旧来の斎藤時代の町割に影響を受けた可能性が高い。むしろ、斎藤時代というより、長良川に規制されたための事象であろう。そのため、完全に特権的権益を持つ旧勢力を一掃できなかったと理解したい。

信長の岐阜城下の家臣団屋敷の配置や具体的な街の構造については、はっきりとした記録が残されていない。わずかながらその様子を伝える『言継卿記』から、七曲通と百曲通というメインストリートを中心に屋敷地などの中心建物が広がっていたことがわかる。重臣である丹羽・林・村井と行政官僚武井夕庵邸などが近接しており、麓の居館からほど近い場所に位置し、さらに重臣屋敷に混じって生活に密着した風呂屋や酒屋が存在していたことになる。また、稲葉良通などの美濃出身の武将も近接地に屋敷を構えていたようである。しゅうとめ宅が門前の近くに位置していたことは、一族衆の居住域が山麓居館にもっとも近い位置にあったことを示していよう。フロイスの記載からも七曲通、百曲通の左右に重臣屋敷が建ち並んでいたことがわかる。

だが、言継が最初に宿とした塩屋は、織田家馬廻衆でもあったが、屋敷地は惣構外に位置していた。これは商売上の関係で、加納楽座を居所として選択したためと考えられる。フロイスの宿泊所もこの塩屋と思われ、岐阜の町は八〇〇〇ないしは一万の人口で、塩を積んだ多くの馬や反物その他の品物を携えた商人たちが諸国から集まり、取引や用務で往来する人々がおびただしい商家と記す。また、昼夜を問わず、賭博・飲食・売買・荷造りがやまず、まるでバビロンの混雑を思わせるほどであったと記録に残している。この雑多な様相こそが、自由市場である楽市楽座の繁栄を伝える記述ではなかろうか。

このように、岐阜城下は、金華山麓に位置する信長居館前面に一族衆の屋敷地、西へ延びる七曲通・百曲通沿いに、重臣の屋敷地や官僚たちの居住区があり、そこまでを梶川堀で区画していた可能性が高い。フロイスが「政庁に仕える者以外（の人の家）はまったく混じっていない」と記すのは、この堀より内側と理解される。堀を渡ると侍屋敷に混在するように風呂屋や酒屋という生活に密着した商家が点在していたのである。

岐阜城下は、近世城下町に見られる身分や職能による居住地の整理までには至らず、未分化であった。

信長の岐阜城

フロイスによれば、岐阜城は「信長の掌握した権力を示すためと、他の戦国大名以上の力をもっていることを誇示するため」と「自分の慰安と娯楽」のために築いた城であった。城のみの構造を見る限り、山上の詰城と山麓の居館という二元構造を持つ極めて中世的な色彩を強く残すものの、個々をつぶさに見ていくと、小牧山城からの連続性、岐阜城が初めてとなる極めて革新的な部分が多く存在する。

たとえば、小牧山城で使用が開始された巨石を立て並べた石垣は、通路脇の石垣として引き続き採用されていた。また、小牧山城で三段目に積まれた中・小石材を横位置に置き、メジを通すように積まれた石垣も、山上部でより高さを増した状態で確認される。これらの状況は、小牧山城の石垣を築いた工人の関与を窺わせる事例である。

また、小牧山最大の石材の倍以上の巨石による斜面地や谷川の土留めは、自然地形を利用しつつ人工的に改変を施した施設で、谷川対岸で確認された滝もまた同様である。都の慈照寺や鹿苑寺の庭園をヒントにした施設と思われるが、御殿建築を四階建てにした重層構造の構造物は、我が国初の試みとして評価すべきである。

岐阜城が中世的な二元構造をとった最大の理由は、その地形にあったことは間違いない。山麓居館がハレの場、山上がケの場として機能分化があったとの指摘もあるが、室町様式のような明確な区分が存在したとは思えない。フロイスの記載を見る限り、山麓居館も山上部も、両者混在のような様相である。庭もまた、室町様式の伝統的な庭のようであるが、居館を含めた地形全体を庭と見立てたのは新機軸となる。言うなれば、利用できる技術を徹底的に駆使し、自分の求める世界を具現化しようとした結果、伝統的な技術と革新的な部分が混在してしまったと考えられる。この、伝統と革新の混在こそが信長の世界であり、やがてそれが一つの文化として花開いていく。

フロイスが、インドのゴアにあったポルトガルのインド総督邸以上にすばらしいと賞賛した宮殿は、伝統的な平屋づくりではなく、下階から上階へと御殿が連続する建物で、それはのちに安土城の天主で完成を見た、信長の革新性の現れであった。後年、畿内中枢部をほぼ制圧し天下統一が見えてくると、正倉院に収蔵されている天下第一の名香と謳われた香木で、時の権力者が望んでも叶わなかった蘭奢待《らんじゃたい》を切り取っている。信長以前にこの蘭奢待を正式に切り取ったのは、銀閣を造り上げた足利義政ただ一人であった。

また、岐阜城に築きあげたこの宮殿は、足利将軍家を超えようと欲した天下布武のプロローグに思えてならない。フロイスの記録によれば、信長の宮殿には何人も登城してはならないのが厳命かつ犯すべからざる禁令で、登城を許可されているのはごくわずかの人でしかなかったという。そのため、信長との面会を望む者、政庁に用件のある者は、信長が城から出て宮殿に下りてくるのを途上で待ち受けるしか方法がなかった。

岐阜へ居城を移し、足利義昭を奉じて上洛を果たすと義昭を一五代将軍職に据え、畿内の中枢をその支配下に置いた信長は、天皇同様人々の前から姿を消してしまう。信長は、閉ざされた空間に住む為政者へと変化したのである。

このことから、小牧山城の主郭周辺を巨石で囲い込んだのが、閉ざされた空間を演出しようとした前段階の行為であった可能性も浮かび上がってくる。江戸幕府が安定すると、国主ですら将軍との謁見では顔を上げることができず、その顔を見ることはなかったが、信長は官位官職ではなく、自らの許認可のみによって、謁見を采配したことになる。これこそが信長政権がめざしたものであろう。

「朝廷も将軍も関係ない。すべては信長の権力下にあり、信長の命令のみを行え」

この言葉が、信長政権の行く末をもっとも端的に表現している。

伝統的技術と革新性の融合を図りながら試行錯誤を繰り返す段階の中で登場した城が、岐阜城であった。あくまでも完成途上であるがために、詰城と山麓御殿という中世的城郭部が残されてしまったが、技術融合によって後の安土城へと引き継がれる「見せるための城」が、岐阜ですでに誕生していたことになる。

とはいえ、これまで指摘しているように、信長にとって岐阜城はあくまでも通過点に過ぎない。やがて畿内中枢部を掌握し、新たな技術者を使うことで、さらに発展した安土城が出現するのである。

第四章　畿内掌握のために築かれた城

上洛と二条新邸

永禄一一年（一五六八）七月、信長は美濃の立政寺《りゅうしょうじ》に義昭を迎え、上洛への準備を開始した。一ヵ月ほど後、尾張・美濃・伊勢の軍勢を率い岐阜を出陣し、同日中に不破郡平尾（垂井町）に着陣。総勢四万とも六万とも伝わる。翌日、浅井長政軍と合流し、その四日後に六角氏の支城箕作城《みつくり》を陥落させると、六角承禎《しょうてい》・義弼《よしすけ》父子は観音寺城を捨て逃げ去った。六角氏を打ち破った信長は、使者を岐阜に送り義昭を迎え入れ、遂に入京を果たす。岐阜を立ってから、わずか二〇日目のことであった。

入京した信長は直ちに勝龍寺城を攻撃し、摂津まで軍を進める。入京後、一〇日を経ずして、摂津・河内の諸城は信長の軍門に降ってしまう。

義昭が征夷大将軍に任命されると、信長は諸国の関所を撤廃、大和・和泉の寺社などに矢銭（軍事費）を課した。石山本願寺には五〇〇〇貫、堺には二万貫と、膨大な額を課したのは、畿内で影響力を持つ勢力を屈服させる狙いがあった。堺や本願寺でさえ、信長には逆らえないことを内外に示したのである。

翌一二年、信長が岐阜へ帰国した隙をねらった三好《みよし》三人衆（三好長逸《ながゆき》・三好政康・石成《いわなり》友通）が、流浪中の斎藤龍興・長井隼人らと呼応、義昭宿所の本圀寺《ほんこくじ》を囲んだ。将軍危うしの報を受けた信長が大雪の中を単騎で出発すると、わずか二日で都へ到着。一〇騎にすぎなかった供は、やがて五万とか八万と言われるほどに膨れ上がっていた。明智光秀等の奮戦や、前年築いた本圀寺の惣構土手が奏功したのか、義昭は無事保護された。この事件後、義昭の安全確保を痛感した信長は、ただちに「御城」と呼ばれた斯波氏の武衛邸の跡地に、新将軍のための築城を開始した。これが洛中最初の平城となる、二条城である。

『信長公記』によれば、信長は自らの力を天下に誇示するため、尾張・美濃・三河・近江・伊勢・若狭・丹後・丹波・播磨および五畿内一四ヵ国の大名・武将たちを動員。大工奉行を村井貞勝・島田秀満に命じ、京都内外の鍛冶職・大工・製材業者を招集。四方に高石垣を築き上げ、金銀をちりばめた御殿を造営し、庭には池・流水・築山を造った。

さらに、〈細川殿御屋敷に藤戸石とて往古よりの大石候。是を御庭に立置かるべきの由候て、信長御自身御越しなされ、彼名石を綾錦を以てつゝませ、色々花を以てかざり、大綱余多付けさせられ、笛・大鼓・つゞみを以て囃し立、信長御下知なされ、即時に庭上へ御引付け候〉と、信長の発想と指揮の下、我が国初の「石引き」を実施した。併せて、慈照寺（銀閣）から全国に知れ渡った名石の九山八海《くせんはっかい》、その他にも京都内外から名石・名木を集めて庭を飾り付けている。

完成した城は公方様御構（御構）と呼ばれた。将軍邸の周囲には諸大名に思い思いの屋敷を造らせたため、将軍御所の威容はますます高まったという。

この二条新邸の造営を目の当たりにした宣教師ルイス・フロイスは、「新たな城と、はなはだ広大で華麗な建築の宮殿を造るため、三街の面積の（地所）を収用し、信長の陣頭指揮のもと、建築作業には通常二万五〇〇〇人が働き、少ない時でも一万五〇〇〇人を数えた」「石垣を築くための石材が不足していたため、多数の石像（石仏）を倒し、頸に縄をつけて運び、また各寺院から毎日一定数の石（墓石や石塔か）を搬出させる部下もいた」「石の祭壇を破壊し、仏を地上に投げ倒し、粉砕したものを運んできた」等と記録し、石仏、石塔、墓石等が石垣石材に転用されたことを伝えている。

二条城は二重の堀で囲まれた構造で、堀を渡るための橋を設け、虎口は三ヵ所に構えられていた。フロイスは、〈吊り上げ橋がある非常に大きく美しい濠を造り、その中に種々の多数の大小の鳥を入れた。彼はそこ（濠）に三つの広大でよくしつらえた入口を設け、その見張所と砦を築いた。そして内部には第二のより狭い濠があり、その後ろにははなはだ完全に作られた非常に美しく広い中庭があった〉と記す。

とりわけフロイスが驚愕したのは、大規模な工事だけでなく、その工事期間の短さであった。〈きわめて驚くべきことは、彼（信長）が信じることができぬほどの短期間にそれを成就したことである。すなわち少なくとも二、三年はかかると思われたものを、彼はほとんどすべてを七十日間で完成した〉。短期間での工事完成はリサイクルの賜《たまもの》で、本圀寺では豪華な部屋が取り壊され、それを二条新邸の御殿の中で再建することを命じている。

発掘された公方様御構（二条城）

昭和五〇年（一九七五）、地下鉄烏丸線建設工事で、地下から信長二条城の石垣と堀の一部が検出された。石垣には、大量の石仏・供養碑・五輪塔・石臼などが再利用されており、前述のフロイスの記載を裏付けた。またその後の調査によって、城が内郭と外郭で構成され、二重の堀で囲まれていたことも記載通りであった。

これまでの調査で、烏丸通の四ヵ所から石垣で護岸された東西方向の堀が確認されている。北外堀（出水《でみず》通）の堀幅は西側で約四㍍、東側で約八・五㍍、東西で堀の位置が喰い違っていた。中央部で検出された石組の暗渠部分は、喰い違い虎口でここに土橋があった。北内堀（下立売《しもたちうり》通のやや北）は、北面の石垣が犬走りをはさんで二段に築かれ、堀幅約八・五㍍、石垣の不同沈下を防ぐために最下段に胴木を敷いた痕跡が確認されている。

南内堀（椹木《さわらぎ》町通）の南面する石垣は隅櫓台の可能性があり、最大幅で約二七㍍、東端で約一九㍍もあり、もっとも広大な規模を誇っている。ここでも胴木を確認している。南外堀（丸太町通のやや北）は幅約七㍍であったが、他の堀と異なり、石垣は北面でしか確認されていない。他の堀は南北両側ともに石垣となっている。

これらの結果と、フロイスの三街分の規模という記載から、公方様御構は三町分四方（約四〇〇メートル四方）を占有していたと推定される。現在の徳川二条城が、東西約五〇〇メートル×南北約四〇〇メートルの規模であることから、信長の造営した二条城が当時いかに巨大であったかが実感されよう。城の位置は、義輝御所のあった勘解由《かでの》小路（現・下立売通）、中御門（現・椹木町通）、室町通、烏丸通に囲まれた方一町の範囲が内郭で、その周囲を外郭が取り囲んでいた。南北については、北は近衛（現・出水通）、南は春日（現・丸太町）までの約三八〇メートルと判明しているが、東西については未確定である。

信長は、石垣で築かれ二重の堀を持つ、豪華かつ強固な城をわずか七〇日という驚異的な期間で完成させ、都の人々の度肝を抜いた。その確かな財力と権威を見せつけられた人々は、信長こそが天下人であることを認識した。

二条新邸が完成すると、義昭は信長に対し副将軍職や斯波氏の家督を継いで管領になるようすすめた。ところが信長はいずれも固辞し、代わりに堺と大津と草津に代官を置く許可を得ている。幕府ナンバー2の座を足蹴にし、経済的拠点を求めた信長は、すでにこの段階で新たな政権運営を考えていたのである。その後、伊勢に出兵し守護北畠具教《とものり》を隠居に追い込み、次男信雄を養子に入れ、家督を譲らせ支配下に置いた。

重要視された宇佐山城

「公方様御構」の完成により、都での将軍の安全は確保されたものの、美濃と都を繋ぐ江東から江南への通路確保は、上洛を成し遂げ、畿内中枢部を掌握して以降、織田軍の大命題となっていた。

そこで信長は京都への入口を確保するために、安土城（安土山ではなく平地に位置）に中川重政、長光寺城に柴田勝家、永原城に佐久間信盛、宇佐山城に森可成《よしなり》と重臣クラスを配置。中でも、もっとも重要視されたのが、京洛の入口を固める宇佐山城であった。

興福寺の僧多聞院英俊の『多聞院日記』の永禄一三年三月二〇日条には、〈今度今道北、ワラ《ママ》坂南、此二道ヲトメテ、信長ノ内森ノ山（三）左衛門城用害《ママ》、此フモトニ新路ヲコシラへ、是へ上下ヲトヲス《ママ》〉と記されている。三月段階で宇佐山城の築城が実施され、それに併せて今道北と逢坂南を封鎖し、宇佐山城の南山麓より田ノ谷峠を越え、山中村を経由して白川へ抜ける新道を設けたことになる。信長は、南近江から都へと抜ける旧来の通路を完全に遮断し、信長軍のみ通行可能な新道を開き、交通路の完全掌握をねらったのだ。

新道完成後の元亀元年（一五七〇）四月、信長は朝倉攻めのために敦賀侵攻を開始。すると、北近江の浅井長政が突如として離反、退路を断たれる危機に陥ってしまう。これを知った信長は、秀吉を金ヶ崎城に殿軍として置き、直ちに朽木《くつき》越えで京都に逃げ帰った。

いったん岐阜へもどった信長は、六月に入ると近江国境を領す堀氏・樋口氏が長政から離れたことを知り、すぐさま出陣、長比砦《たけくらべ》・苅安尾砦《かりやすお》などを攻略。そのまま近江に在陣すると、同盟軍の徳川家康勢も合力。姉川において浅井・朝倉連合軍と織田・徳川連合軍による合戦が勃発する。勝利した信長は虎御前山《とらごぜやま》砦と横山城を中心に小谷城包囲網を構築、秀吉に指揮を委ねた。

姉川合戦から三ヵ月後、陣容を立て直した浅井・朝倉連合軍三万余が再び動く。湖西を南下、坂本進出を図って京都ルート確保をねらい、延暦寺を後ろ盾に壺坂山城、青山城、蜂ヶ峰城を築いている。壺坂山城と青山城の間から、比叡山の南を越える白鳥越えの隘路《あいろ》は、坂本と都を結ぶ重要なルートで、浅井・朝倉連合軍が頻繁に利用するルートでもあった。

こうして湖西から南下する浅井・朝倉勢の前線に立ちはだかるように築かれたのが宇佐山城で、信長股肱《ここう》の臣・森可成の手によったとされる。

街道を封鎖する織田軍に対し、連合軍三万余が坂本口に進軍、森軍一千余が城を下り合戦におよび、当初は勝利をおさめるが、やがて延暦寺の僧兵が連合軍に合力し、無勢の織田軍は側面を衝かれ崩壊、森可成、織田信治（信長の弟）、青地茂綱の三人が討ち死にした。連合軍はその勢いのまま、宇佐山城に猛攻を仕掛けるが、徹底抗戦にあい遂に城を落とすことはできなかった。城を落とすまでに至らなかった浅井・朝倉勢ではあったが、江南の織田方の防衛線は突破し、都へと迫った。

だが、信長が転戦すると連合軍は比叡山へ後退し、籠城の構えを取った。比叡山を包囲したものの身動きが取れない状況に信長が陥ると、六角氏残党、伊勢長島願証寺の一向宗門徒も敵対行動を起こす。戦局が悪化した信長は朝廷と将軍の権威を利用し、一二月浅井・朝倉と講和、両軍撤退によりなんとかこの難局を乗り切ることができた。この時の和議の条件の中に、宇佐山城の破却があり、そのため信長が城を焼き払い退陣したとも言われるが定かではない。元亀二年（一五七一）正月、吉田兼右《かねみぎ》（兼見の父）が宇佐山城に明智光秀を訪ねたとの記録が残り、この時点で城は再び機能していたことが確実である。

宇佐山城は標高約三三五㍍の宇佐山山頂に位置し、主郭と副郭が南北に並立し、鞍部を挟んで北側に出曲輪を配した単純かつ小規模な城である。だが、この城には石垣が採用されていた。森可成段階か、明智光秀入城後の修築かは断定できないが、安土城に先行することは間違いない。

また、宇佐山城は、織田軍が近江に構築した最初の石垣造りの城であった。主郭と副郭は高低差を持ち、虎口によって分断。虎口は一段低く枡形状を呈し、発掘調査結果から、櫓門の存在が推定されている。南側の土居の前面には空堀が掘られ、防備強化が図られ

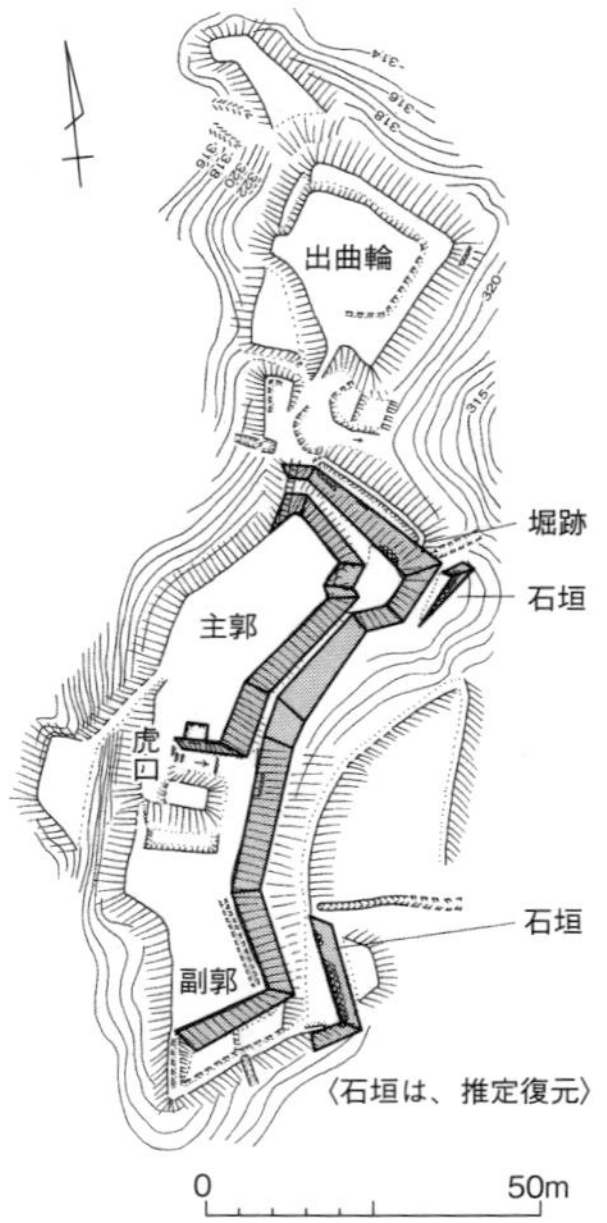

図4-1　宇佐山城概要図（作図：福島克彦に加筆）

た。主郭は北東側二面が石垣で、副郭も西面を除き石垣造りとなり、そのまま主郭東下から北側を帯曲輪状に取り囲んでいる（図4－1）。従って、主郭の東北面は二段の石垣によって守備されることになる。

さらに北側下段の石垣下に塹壕《ざんごう》状の空堀を配するとともに、鞍部を挟んだ北側に出曲輪が構築されていた。主郭、副郭が石垣造りであるのに対し、出曲輪では石垣が認められない。これは、浅井・朝倉勢の南下に伴い、急遽城の増強のために構築された曲輪であったことを物語る。

安土城以前に築かれたことが確実な宇佐山城の石垣は、単に防御効果を上げるという軍事的観点のみで築かれたわけではなかった。防御のみが目的なら、西側斜面にも石垣を採用し、四周を取り囲んだはずである。ところが、石垣は琵琶湖山麓から眺めたときに見える場所のみの採用でしかない。ここに、石垣を見せるという政治的な意図が見て取れる。

琵琶湖南端を通る主要街道からの視覚的効果を狙って構築したとしか思えない。信長は、二条新邸同様の石垣の城を都の入口に築き上げることで、その権力の強大さを誇示し、天下統一をめざす姿勢をアピールしたのである。

図4-2　佐和山城跡を望む

佐和山城と元亀騒乱

元亀二年（一五七一）、敵対勢力排除に向けて動き出した信長は、四方に敵を抱える状態を打破するため、各個撃破で立ち向かっていった。浅井氏に対しては、包囲網を維持しつつ個別武将の懐柔策を実施してゆく。北近江の拠点・佐和山城を奪取すると、以後安土築城まで近江の拠点として利用する。佐和山は、琵琶湖の東岸標高約二三三メートルの独立丘陵（図4－2）で、東山麓に東山道、北国街道が南北に走り、西山麓は松原内湖に面し、港が置かれていた。佐和山は、陸上交通と湖上舟運の上でも重要な位置を占める交通の要衝であった。

前年から、信長は浅井方の磯野員昌《かずまさ》が守る佐和山城の四方に陣城を構築し、包囲網を布《し》いていた。員昌は八ヵ月にわたり籠城戦を展開するが、遂に降伏し城を明け渡した。信長は佐和山城代として重臣の丹羽長秀を配し、近江支配の拠点にするとともに、岐阜と都の中継拠点、西国への前線基地としての機能を持たせた。『信長公記』には御泊、御座、御逗留などとあり、佐和山城は信長の近江における御座所的性格を持つ重要な城であったことがわかる。

北近江での拠点を確保すると、越前朝倉氏および越前一向一揆軍と、本願寺との間の連絡遮断をねらい、近江北部の通行を禁止。五月になると大軍をしたて伊勢長島へと出陣したが、柴田勝家が負傷、氏家卜全は討ち死にするなど、進攻は失敗におわる。しかし、九月になると突如比叡山攻めを敢行、寺社堂塔を焼き討ちし、僧俗男女三千余人を斬首してのけた。これにより、浅井・朝倉軍の南近江の拠点を奪うことに成功する。

元亀三年(一五七二)四月、三好義継と松永久秀が相次いで離反、信長に敵対するようになるが、七月に入って信長は小谷城攻めを再開、城から四キロほどの虎御前山に要害を構築し、その押さえとした。九月には暗躍する足利義昭に一七ヵ条にわたる諫言書をつきつけた。

畿内を転戦する信長に対し、武田信玄がいよいよ動く。一一月、遠江へと侵入して諸城を落とし、徳川家康の居城・浜松城へと迫った。三方ヶ原におびき出された家康は、信長の援軍平手甚左衛門(汎秀《ひろひで》)を失うなど大敗を喫し、浜松城へと逃げこんでいる。家康を破って破竹の勢いで三河へと侵攻した信玄であったが、野田城攻めに二ヵ月を要してしまう。それでもなんとか野田城を落とした武田軍であったが、突如兵を引き、甲府へと引き返してしまう。

結果、反旗を翻していた将軍義昭は、信長と和議を結ばざるを得なくなってしまった。

その後、信玄死去を知った信長は、岡部又右衛門に命じ、艫舳《ともへ》に矢蔵を上げた大船を建造させ、琵琶湖の制海権掌握に乗り出す。七月、義昭は宇治の槙島城に籠り再び挙兵、信長は完成したばかりの大船で坂本へ渡り、槙島城を包囲。義昭は、嫡子義尋《ぎじん》を人質として差し出し降伏、自らは毛利氏の領土へと逃れた。

ここに室町幕府が滅亡、信長はさっそく年号を「元亀」から「天正」に改元した。

八月、浅井氏家臣で西阿閉《にしあつじ》城主阿閉淡路守が信長に寝返り、小谷城は完全に孤立した。機を逃さず信長が進軍すると、朝倉義景が二万の大軍で小谷城と嶺続きの大嶽《おおずく》城に進駐。小谷周辺で繰り返された戦いで朝倉勢が敗退すると、義景は越前に向けて退却を開始。信長軍は追走し、木目（木ノ芽）峠を越えて越前へと乱入。義景は、一乗谷も捨て逃走を図るも、一族の朝倉景鏡《かげあきら》にせまられ切腹、ここに名族朝倉家は滅亡した。

小谷城では、秀吉が奮戦し、浅井久政を自刃に追い込んだ。ついで信長自ら京極丸へ攻め上がり、長政も自刃。こうして元亀騒乱の引き金を引いた浅井・朝倉両氏は滅亡し、北近江は秀吉が領することになった。

約四年を費やし、近江平定を成し遂げた信長は、岐阜と都を結ぶルートを完全に掌握、天下統一へ向けて大きく一歩を踏み出したのである。

武田氏滅亡と一向一揆勢力の殲滅

天正元年（一五七三）一一月、抵抗を続ける石山本願寺との間で講和が結ばれたようである。暮れになると、松永久秀が降伏、奈良支配を進めた信長は翌二年（一五七四）三月、東大寺の蘭奢待を所望し、内裏へ奏聞、許可を得ると多聞山城まで運ばせ、一寸八分を切り取った。『信長公記』には、〈東山殿召置かせられ候て已来《このかた》、将軍家御望の旁《かたぐ》数多これありといへども、唯ならぬ事に候間相叶はず〉と記されており、これが、室町幕府に信長政権が取って代わったことを天下に知らしめることとなった。

四月、再び石山本願寺が挙兵、越前に下間《しもつま》頼清を派遣、「一揆もち」の国となる。七月に入ると、信長自ら伊勢長島に出陣、立て籠る一揆勢に対し、四方から火をかけ男女二万人ほどを殺戮、長島一向一揆を完全に鎮圧した。

天正三年（一五七五）五月、武田勝頼が東三河へ侵入し、長篠城を包囲すると、徳川家康が援軍を要請。信長は、三〇〇〇挺ほど（異説あり）の鉄砲を用意し参戦。設楽《したら》ヶ原において武田軍を完膚なきまでに粉砕、勝頼は命からがら数騎で甲斐へ逃げ帰っている。八月、満を持して越前一向一揆攻めを開始、平定すると柴田勝家に越前八郡が与えられた。

一一月には、固辞し続けていた官位も受諾、権大納言、右大臣と官位を進めた。

そして一一月二八日、信長は突如織田家の家督と尾張・美濃領国を嫡男信忠に譲ると、茶道具だけをもって岐阜城下の佐久間信盛の屋敷に住まいを移す。これは、信長が推し進める天下政権の下に、織田家をも組み込むということで、すべての大名の上に信長が覇者として君臨する政権樹立の宣言であった。

安土築城に向けての試作

ところで現在のところ、岐阜城で確認された瓦が、信長の居城最古の瓦とされている。岐阜城では、山頂部および山麓居館推定地周辺から、信長在城期と推定される瓦が出土している。金箔の棟飾り瓦（信忠段階の可能性もある）を除けば、総量そのものは非常に少ないため、特殊な建物のみを瓦葺にしたという状況であり、瓦もそのために焼かせたという感じではなく、転用したとするのが妥当である。

信長が瓦を利用した最初の記録は、『多聞院日記』（永禄一三年三月一八日）である。〈内裏ノ御修理信長沙汰之、内侍所ハヒハタ葺ハヤ出来了、シヽン殿ハ前ハヒワタカ、今ハ瓦葺大旨出来了、清涼殿ハヒワタ葺令取付了〉と、紫宸殿が檜皮葺から瓦に葺き替えられたことを記す。上洛を果たし、都の様子をつぶさに見た信長は、早くも寺院の屋根に利用されている瓦の効用を見抜き、工人集団の掌握に乗り出し、とりあえず紫宸殿に採用した可能性が考えられる。

翌元亀二年（一五七一）に細川藤孝が改修した勝龍寺城（京都府長岡京市）からも、多量の瓦が出土した。出土瓦は、周辺域の寺院の瓦の転用がほとんどで、瓦を城郭へと利用しようとした信長の意図を感じる。

注目されるのは、勝龍寺城と同笵瓦《どうはん》（同じ笵型から造った瓦）が、同年明智光秀が築いた近江坂本城（滋賀県大津市）で、さらに、天正三年（一五七五）に佐々《さっさ》成政《なりまさ》が築いた小丸城（福井県越前市）では同型瓦（笵型は異なるが同じ文様の瓦）が確認されたことである。何らかの理由で、瓦、版木、工人集団のどれかが移動したために、起こったとしか考えられない。

滋賀県立大学教授で織豊期城郭研究会代表の中井均氏は、信長からの瓦工人貸与の可能性を指摘しており、畿内を掌握しつつあった信長が直属のテクノクラート集団の再編成を開始し、その工人を貸与したとしている。中井氏の言う直属のテクノクラート集団こそが、紫宸殿の屋根を瓦葺にし、やがて安土城の瓦を造る工人集団へと再編されたと思われる。

勝龍寺築城にあたっては、細川藤孝に宛てた信長の朱印状（元亀二年一〇月一四日）が残されている。「勝龍寺城を再建するにあたって、桂川から西のすべての在住者を、門毎に一人三日間人夫として徴用し、普請する事が肝心である」との内容で、配下の武将は信長からの許可を得ない限り、勝手に築城工事に人民を動員できなかった事実が判明する。当然、工人集団についても同様であろう。信長からの関与があったがために、同笵・同型という瓦が、信長配下の武将の三城に出現したのである。ただ、この瓦は、城のために焼かせた専用瓦ではなく、寺院用の瓦の転用であった。

長宗我部元親の居城・岡豊城《おこう》（高知県南国市）の発掘調査で、天正三年和泉国の瓦師によって製作されたことを示す記銘瓦が出土している。天正三年ということに、非常に興味を引かれる。なぜなら、和泉国が完全に信長支配下となるのがこの年であり、元親からの強い要望で嫡男弥三郎の烏帽子《えぼし》親となり、信長の一字「信」を与え、阿波侵入を許したのも、この年一〇月二六日のことであったからだ。元親は、妻が明智光秀家臣の縁族ということで、光秀を介して信長への接近を試みている。以後、四国取次ぎは、明智光秀を通してということになった。岡豊城出土の瓦も、信長の意を受けた光秀の関与があったがための出来事として捉えたい。

このように現時点で、安土築城以前に使用された、織田氏関連の瓦が確認されている事例はそれほど多くはない。織田一門衆および信長配下の武将たちの城に、普遍的に瓦が使用されるのは、天正四年の安土築城を待たなければならない。

安土築城以前に瓦が使用された可能性の高いこれらの城には、もう一つの共通点が見られる。それは、天守もしくは、天守に近い建物の存在である。明智光秀の坂本城には、天守・小天守が存在していた。『兼見卿記』には、「城中天主作事」「小天守対面」という記載が見られるため、大小天守が連なる壮麗な建物であったと思われる。また、勝龍寺城にも「殿主（天守）」が存在したことが知られる。発掘成果から、南西隅に検出された櫓が、いわゆる殿主であったと推定される。しかし、後の天守建築に繫がるものではなく、二階建ての建物（二重櫓）になる。小丸城にも、櫓台と思われる石垣に囲まれた土壇（伝本丸跡）が残されており、ここに勝龍寺城と同じ二重櫓があったとしても何ら不思議ではない。

これらの城には、いずれも石垣・瓦・天守級建物があり、信長からの命令あるいは強い関与が推定される。四方を敵に囲まれた元亀年間（一五七〇〜七三）の窮地を脱し、将軍義昭を追放し、天正と年号を改め、織田政権を確実にした時点で、統一の拠点とすべく安土城の青写真は完成していたのであろう。

天下統一のシンボルとなる安土築城に向けて、試作とすべく城を築くことで、問題点を洗い出したのであろうか。信長は、試作を繰り返し、万全の準備を整えた末、遂に安土築城に動き出すのであった。

第五章　統一のテーマパーク安土城

安土築城

〈天正四年丙子（一五七六）正月中旬より江州安土山御普請、惟住《これずみ》五郎左衛門に仰付けらる〉。『信長公記』巻九の出だしである。信長は天下布武の根拠地とするため、近江国安土山に築城を命じた。総奉行は、佐和山城城代として、頻繁に都と岐阜とを往来する信長の中継場所を確保し続けてきた織田家重臣丹羽長秀であった。信長は、近江での御座所を提供し、維持管理してきたその手腕を高く評価したのである。

安土山（標高約一九九㍍）は、岐阜と京都のほぼ中間点の琵琶湖東岸に位置する。京へも岐阜へも、ほぼ一日を要しない利便性と、中部・北陸、畿内各所への地理的優位性からの選地であった。また、来るべき上杉謙信との戦いも想定し、北国街道の喉元を押さえることも目的の一つであったと考えられている。

築城工事を急がせた信長は、わずか一ヵ月後の二月二三日、はやくも安土に居を移す。この住まいは、山麓に築かれた仮御殿の可能性が高い。信長は、ここで自ら普請の指揮をとっている。

安土城（図5－1）の普請は、石垣と天主築造を第一に進められた。尾張・美濃・伊勢・三河・越前・若狭・畿内の武士を動員し、また京都・奈良・堺の大工や職人たちを呼び寄

図5-1　安土城天主の復元南立面図（監修:三浦正幸、復元:中村泰朗 2016）

せ、安土に住まわせてもいる。瓦は、唐人一観に命じ、唐様にするよう言い付けた。石垣に使用する石材は、周辺域の山々から引き下ろし、一〇〇〇人から三〇〇〇人の人足を割り当てて安土山に運ばせたと言われる。

天正四年から五年にかけて、工事は急ピッチで進められた。人夫も不足し、湖北地方から出家までをも徴発。また、安土に屋敷地を築いていた滝川一益《かずます》や細川藤孝等からも材木や大工を徴用している。天正七年天主が完成、信長は五月一一日移り住んだ。全体の完成には、さらに二年の月日を要することになる。

安土城の完成と前後して、石山本願寺が遂に降伏。信長の支配地は、北陸が能登から越中、山陽が備中まで、山陰が鳥取までと大きく拡大していた。すでに関東の後北条氏、九州の大友氏は恭順の意を示しており、天下統一も目前となっていた。

天正九年以降、来るべき織田政権の正式発足に備えてか、さまざまなデモンストレーションが実施される。詳しくは後述するが、まず、正月一五日、左義長《さぎちょう》の行事と併せた安土馬揃え。ついで二月二八日、天皇が見守る中での都馬揃え。この時の信長のいでたちは、まるで住吉明神のご来現と人々に言われ、都中に泰平の世の到来とその力を見せ付けた。まさに信長による天下統一完成の前祝いと呼ぶに相応しいものとなった。

さらに、安土城においては完成した天主や御殿を民衆に開放し、その権威と豪華さを天下に知らしめた。信長は、領国内に布告し、男女問わず何人《なんぴと》でも自由に城を見物できる許可を与え、入場を認めた。まさに、戦国の世に突如出現した「テーマパーク」であった。諸国から集まった群衆は後を絶たず、その数はおびただしく、人々を驚嘆させた。これこそ、戦国乱世に暮らす人々に、統一による平和な時代の到来と安寧を知らしめる行為だったのである。この年の盂蘭《うら》盆会《ぼんえ》も、歴史に残る盛大なものとなった。帰国する宣教師ヴァリニャーノを送るため、城下のすべての灯を消させ、天主および城内の建物すべてに提灯《ちょうちん》を吊るし、堀には松明《たいまつ》をともした船が浮かべられた。提灯はさまざまな色を放ち、この世とも思えぬ美しさであったという。この行事が、安土城でもっとも華やかな最後の輝きになろうとは、この時誰が想像したであろう。

そして、ついに運命の天正一〇年を迎える。正月参賀は、あまりの賑わいに、百々《どど》橋から摠見寺へ上る石垣が人の重みで崩れ、死者が出るほどとなった。年賀の挨拶にあたっては、信長より「大名・小名に限らずお祝い銭を一〇〇文ずつ各自で持参するように」との達しまで出された。参賀した家臣たちが、天主を始め本丸御殿、御幸の御間、江雲寺御殿、南殿など主要部を見学し終え台所口へ向かうと、なんと厩《うまや》の口に信長が立っていたのである。彼らにはそこで、直接信長にお祝い銭を手渡せるという驚きと感動が待っていた。信長から直接一声かけられ、信長に仕える満足感と天下統一後の自らの昇進までをも予感し、喜びに打ち震えたであろうことは想像に難くない。まさに心憎いばかりの演出であった。

毛利制圧後には、織田政権の正式発足が予想された。

しかし、本能寺の変によって、信長はもちろんその居城までもが地上から姿を消す運命となった。本能寺の変後、光秀は直ちに天下制覇の拠点安土城に入り、織田家重臣たちに無言の圧力をかけることをねらった。ところが、瀬田橋を焼き落とされ、三日間のロスが生じてしまう。六月五日、ようやく主なき安土城へと入城。光秀はさっそく吉田兼見を迎え、朝廷の信任を確認。九日には再上洛し、朝廷に銀子《ぎんす》を献上している。だが、山崎の戦いによって明智方は敗北。安土留守居役の明智秀満は一四日、坂本城へと退去してしまう。

そして翌日、空き城となった安土城が突如燃え上がる。『兼見卿記』には、〈十五日、壬申、安土放火云々〉とあり、城が放火されたことを伝えている。これまで、秀満が退去する際、城下に放った火が飛び火したとか、信長の次男信雄の兵が残党狩りのために城下に放った火が飛び火したと言われてきた。

しかし、安土城の発掘調査により、類焼部分は黒金門より内部の主要部のみで、他はまったく焼けていないことが明らかとなった。これにより、城下からの飛び火説は打ち消された。安土城は、天主に放火され主要部のみが炎上し、地上から姿を消したのである。宣教師の記録にも残るように、次男信雄放火説が有力となっている。

清洲会議の後、信忠の嫡男三法師が一時安土に入り、信長一周忌には秀吉が城内に墓を建立している。類焼を免れた建物は、そのまま残された。天正一三年（一五八五）、羽柴秀次の八幡山築城に際し、城内に残る石垣・建物だけでなく、城下までもがまるごと八幡山へと移転された。ここに、安土山からすべての建物が消え去ったのである。

信長が天下布武をめざし築き上げた城が、地上から姿を消した翌年、羽柴秀吉は太政大臣に昇りつめ、豊臣の姓を賜った。

安土城の立地

近江国は、北は北陸、東から南に東海・伊勢、西は畿内と接し、西日本と東日本、北陸地方の交流点であり結節点でもあった。東国、北陸から都へ上るためには、北国街道から中山道（東山道）、東海道を利用するにしても、必ず近江を通過せざるを得ない。近江を通過する中山道は、安土山の東に展開する観音寺山と箕作山の間が隘路となり、交通の関門であった。この要衝の地を押さえるために、近江守護佐々木六角氏は、観音寺山に居城を築き、箕作山に出城を置いて、この要衝を掌握していた。

図5-2　西から望んだ安土山

安土山は琵琶湖東岸に位置し、東西約〇・九キロ、南北約一・六キロの二等辺三角形状を呈し、山頂部の標高は約一九九メートル、その比高差は琵琶湖水面から約一一三・五メートル、また平地とは約一一〇メートルである。

現在の安土山（図5－2）は、度重なる干拓事業によって琵琶湖からはるかに隔たり、平野内の独立丘陵のように見えるが、信長時代は、琵琶湖最大の内湖群に南を除く三方が取り囲まれていた。安土山は、北西側の弁天内湖（西の湖）、東の伊庭内湖に突き出た半島状を呈し水城の要素を兼ね備えていた。併せて、南面も低湿地が広がる地であった。

安土山から岐阜城までは約六五キロ、伊勢安濃津《あのつ》、奈良、摂津茨木、若狭敦賀あたりまでもほぼ等距離で、東海と伊勢、北陸と近畿のほぼ中間点に位置することで、各地区からの人や物の交流がほぼ同時間内に把握できるという利便性があった。また、琵琶湖東岸のほぼ中間点であることから、安土山の足元まで入り込んでいた内湖を利用した湖上交通の把握も容易であった。

ここは豊浦港・常楽寺港という二つの主要な港が存在し、さらに無数の水路が縦横無尽に走る「水の都」でもあった。琵琶湖には、古くから漁撈《ぎょろう》や水運に従事しながら参戦する「湖賊」と呼ばれる集団がいた。信長は、彼らを支配下に置くと同時に、元亀四年（一五七三）、大船を建造させ、琵琶湖の制海権を掌握し、湖上ルートを利用してゆく。安土の地は、戦略的意味合いから見れば、中山道を押さえる要衝の地と理解されるが、信長は軍事的利用より、経済的、政治的効果を優先し、選択したのである。

安土築城後、信長は琵琶湖北岸に長浜城（羽柴秀吉）、安土の対岸に甥・信澄の大溝城、南岸に明智光秀の坂本城という三城の水城を築かせた。そして、坂本から都へ抜ける志賀越えの山道を整備拡張。安土を中心とする湖上の交通・軍事掌握のネットワークを完成させ、船運による大量の物資・兵力を迅速に輸送するシステムを構築したのである。

諸城の配置は、琵琶湖制海権のみならず陸路をも見据えていた。北陸道と東山道の押さえとして長浜城、若狭・北陸より湖西の防衛を大溝城、都と比叡山に対する坂本城であった。そのほぼ要に位置する安土の地は、軍事・経済の拠点となったのである。

安土山の道

安土山は山頂天主を中心とする主要部と、それを取り巻くように中腹から山麓に広がる城郭施設や屋敷群で構成されていた。安土山の道は、主要部と山麓とを結ぶ幾筋かの主要道（谷筋と尾根上を利用）と、主要道間を結ぶ等高線に沿った横道とに大きく二分される。両道を使用することで、屋敷群は相互に往来可能な無数の道で繫がることになった。現時点で考えられる主要部と山麓を結ぶ確実な通路は、五筋である（以下、丸数字は図5－3の番号）。

一　大手道①（安土山南面中央の谷筋に設けられた道で、直線で約一八〇メートル延び、伝徳川家康邸の上で西へと折れ三〇メートルほど進み、伝武井夕庵邸からは九十九に折れて百々橋口道に合流する）

二　東門口道②（南東山麓の腰越から尾根を伝わり、東門口から城内に入る通路）

三　百々橋口道③（城下町から摠見寺を通り、主要部へと続く唯一記録に残る尾根道）

四　搦手道⑤（台所道とも言う。北東山麓から東門口道の北方の谷に設けられており、井戸郭を通り、八角平～主郭外周路へ通ずる）

五　七曲道⑧（城下町から百々橋口北方谷間を九十九に折れて伝黒金門へ直接通じる唯一の通路。途中に、伝織田信澄邸、森蘭丸邸が所在する）

これら五筋のルートを含め、山の斜面に放射状に延びるすべての道は、中枢部（伝黒金門より中）の外郭高石垣の裾を廻る主郭外周路（本丸周回路）へと接続している。この外周路が存在するため、主要部に入ることなく、各ルートの行き来が自由であった。大手道、百々橋口道、七曲道、黒金門からの道という四つの道が伝織田信忠邸で合流しているが、後世の削平により、それぞれの道がどう接続するのかがはっきりしない。四筋の道の合流場所であることは確実なため、ここは屋敷跡ではなく、会所的な役割を持つ地点との指摘もある。なお、通路の名称は、滋賀県安土城郭調査研究所（当時）に依った。

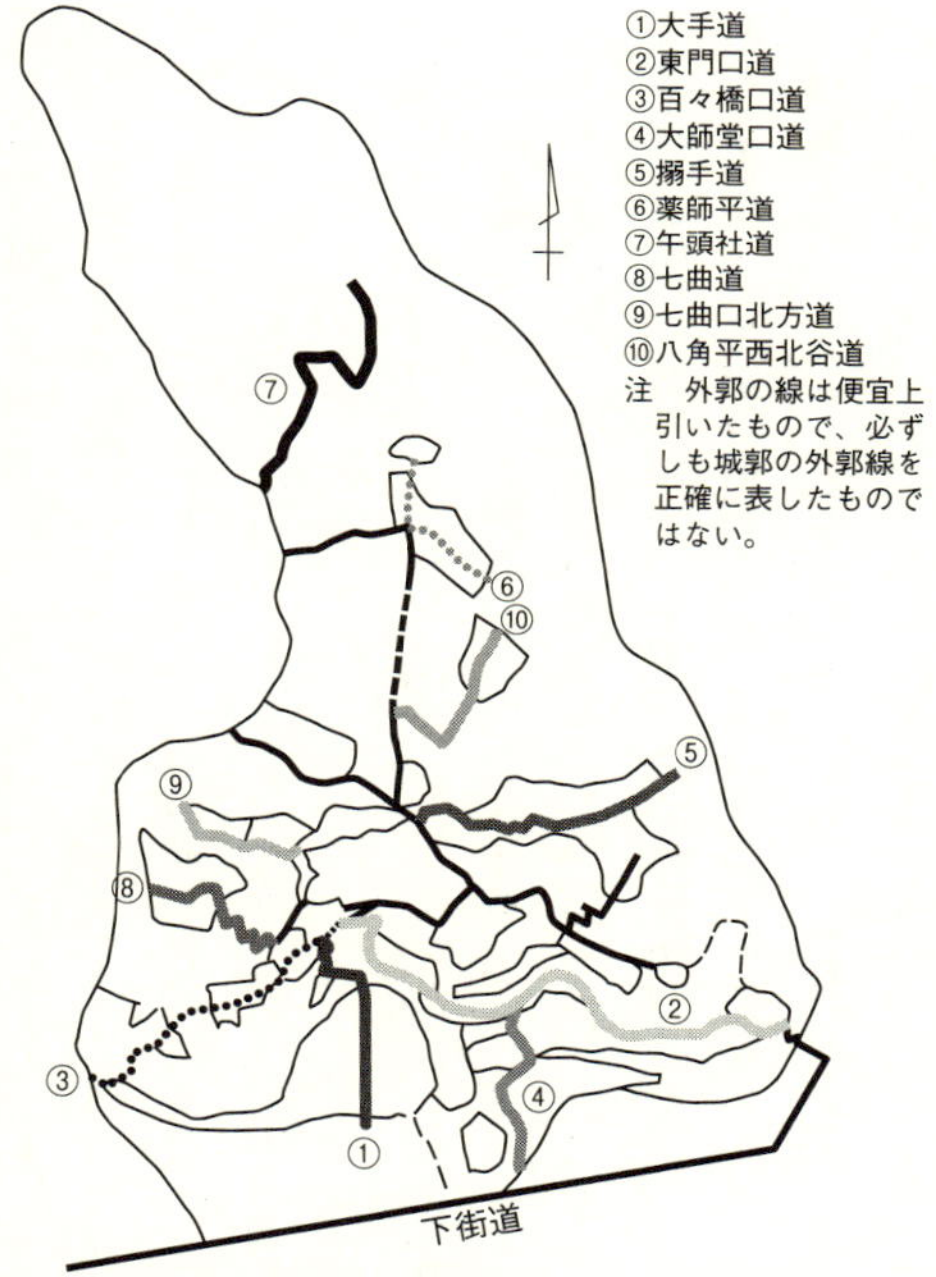

図5-3　城内通路配置図（滋賀県教委編著『安土信長の城と城下町』サンライズ出版2009より）

安土城を描いた絵図は、信長の百回忌（貞享四年〈一六八七〉）を機に制作された可能性が高いとされる、「近江国蒲生郡安土古城図」(「貞享古図」/図5－4)が伝わるのみである。

この絵図には、数種の写本が残されており、すべての写本にも描かれる通路が、大手道と百々橋口道の二ルートである。道の描き方は、両道に差はなく、どちらが主であるかの判断はできない。七曲道と台所道(搦手道)は、山麓入口部分のみで全容は示されていない。

時代は下るものの、文政年間(一八一八〜三〇)に軍学者椿井《つばい》広雄(政隆)が作成した「近江国蒲生郡安土山之古城全図」(三井文庫蔵)があり、これは「近江国蒲生郡安土古城図」を参照してはいるが、道が異なる。大手道と百々橋口道の二ルートの他、東門口道と台所道の全容が描かれている。七曲道は、森蘭丸邸までとなっている。明らかに、大手道が主道となり、百々橋口道が副道、他は間道という扱いである。

『信長公記』(天正一〇年正月一日)には、〈隣国の大名・小名御連枝の御衆、各《おのおの》在安土候て、御出仕あり。百々の橋より惣見寺へ御上りなされ〉と、近隣諸国の大名や小名、織田家一門の人々が、百々橋口から登って来たことが記されている。年頭の挨拶の出仕であるため、正式な通路を使用することが当然で、百々橋口→摠見寺→伝黒金門→本丸御殿対面の間というのが正式ルートと判明する。

また、天正九年正月一日には、〈安土にこれある御馬廻衆ばかり、西の御門より東の御

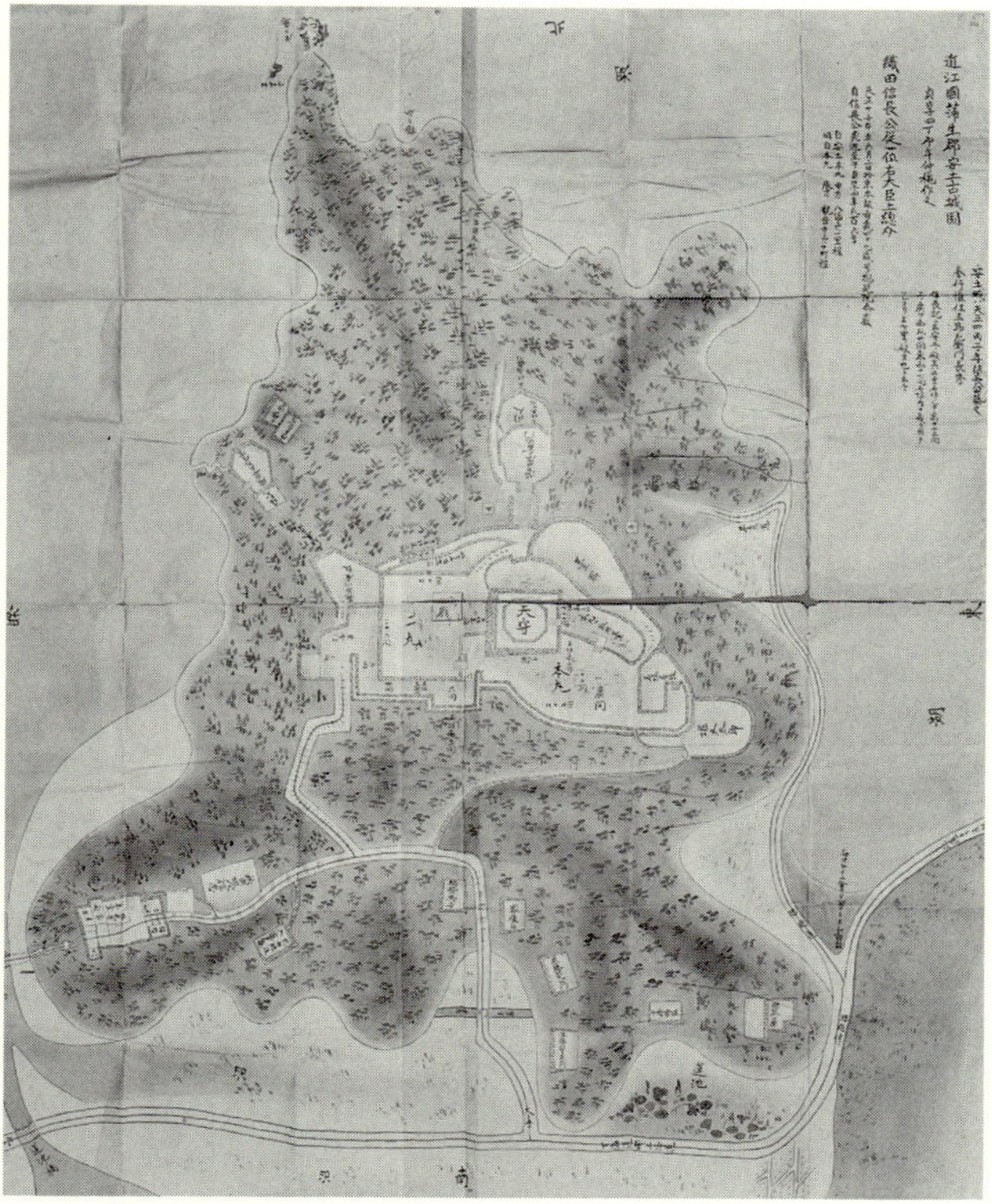

図5-4 「近江国蒲生郡安土古城図」（写し、早稲田大学図書館蔵）

門へ御通しなされ、御覧あるべきの旨上意にて〉と、馬廻衆が、西の門から入り東の門へ退出する間に、信長が接見するということなので、やはり西から入り、東に出るルートが正規のルートであったことを裏付ける。

発掘調査で確認された大手道①は、幅六〜七メートルで両側に幅一メートル強の側溝が付き、高さ三メートルの石塁に囲まれ、伝徳川邸まで約一八〇メートルが直線で延びる登城路である。道は、ここから西へ九〇度折れ三〇メートルほどを水平に進み、そこから急斜面を九十九に登り、伝武井夕庵邸上で、百々橋口道とT字型に突き当たり合流する。ここから先の状況ははっきりしないが、伝信忠邸内で分岐して尾根道へ接続する可能性が指摘されている。

図5-5　整備された大手道

大手道（図5－5）の入口にあたる部分には、東西に一〇〇メートル余り延びる石塁が確認され、大手道と石塁が交差する地点に大手門を推定している。大手口周辺では、推定大手門を除き三ヵ所の門が確認された。この異常ともいえる門の配置は、中央大手門が天皇の御成門、東虎口は天皇に随行する公家専用の門、西側は武家専用の門で、唯一桝形となる西端は城下町にもっとも近く、家臣たちの通用口が推定されている。仮に御成となった場合、天皇は輿《こし》（宝形《ほうぎょう》造《づくり》の屋根を上に載せた輦輿《れんよ》か屋根の頭頂部に鳳凰を載せた鳳輦《ほうれん》）に乗って移動することになろう。だが、現状の構造では輿移動は不可能である。つまり大手道は御成道としての体をなしてはいない。従って、三ヵ所の門の役割も再考を要することになる。

『信長公記』の記載から、百々橋口道③は摠見寺参拝ルートとして、町衆の往来可能な道だったことが判明する。では、百々橋口から上がった町衆は、どこに下りたのであろう。「死人が出るほどの混雑」と記されている以上、道は一方通行であったとするのが当然で、町衆は百々橋口道と接続する大手道を下るのがもっともわかりやすい。つまり、大手道は町衆の往来も可能な道だったことになる。大手門は、見つからないのではなく存在せず、常に開口していたのである。

さらに、大手口に門が三ヵ所あったのではなく、南山麓に屋敷地をあてがわれた家臣たちの屋敷地へと入る門と理解すれば問題はない。城内道の中に存在する櫓門も、道に沿って存在する六ヵ所の門も、大手道が往来であったと考えれば造られた理由が理解できよう。往来だからこそ、街道同様の広さを持ち、側溝が整備され、さらに石塁で区切られ門が配されていたのである。

搦手道（台所道）⑤は、天主東側の伝台所郭下にある谷筋を利用した通路で、旧伊庭《いば》内湖へと続く。やはり道の左右には屋敷地が広がっているが、城を支える物資の運搬、それらの物資を管理する人々の屋敷地と考えるなら、この道が城の生活を支えるための道、絵図にある台所道とするのが妥当である。

東門口道②は、南東山麓の腰越峠付近から尾根を伝わり、御茶屋平から尾根上に出て、神様平、馬場平北辺を経て、主郭外周路へと接続する道で、南東斜面に展開する屋敷地に居住する家臣たちのみが使用する、城内道の一つと理解される。

七曲道⑧が、唯一主郭外周路を使用することなく伝黒金門へと続く通路になる。西側城下町から九十九に折れて伝織田信忠邸へと至り、そこで九〇度に折れて伝黒金門へと続く。主郭部から城下への最短距離の道であり、主郭外周路を使用しないことからも、信長専用の通路の可能性が高い。

フロイスは、華やかなる安土の街路の様子を書き残している。

〈街路ははなはだ長く広大で、日に二、三度清掃された。そのうえ人々の雑踏、風評、各国からその政庁に集まった貴人たちの去来、この建築の名声と高貴さに惹かれて遠方から見物に来た多数の訪客、男や被りもの（をつけた）女たち、毎日、そして夜分にも集まって来た、（中略）彼の近習の家臣の良き態度と清潔さ、山の周辺の雑踏と仕事場の音、これ

らすべては日本（人たち）にとっては、見る者に大いなる驚嘆の念を起さずにはおかぬものがあるように思われた〉

図5-6　天主台穴蔵内部の礎石

安土城主要部の発掘調査

安土城主要部の発掘調査成果を簡単にまとめておきたい。

天主台の穴蔵では、柱間七尺（約二・一メートル）で碁盤目状に並んだ大型礎石一一一個を検出、熱を受けて赤化・欠損した痕跡や、柱当たりの痕跡を残すものも認められ、火災焼失を裏付けた（図5－6）。床面は、全面にわたって叩き漆喰によって固められ、ほぼ中央一石分のみ礎石および漆喰がなく、方形を呈す長靴形の断面をした深さ約一メートルの用途不明の土坑を確認。調査を担当した木戸雅寿氏は土坑の堆積状況、平面プランの在り方等から天主の大黒柱用の穴とするのがもっとも妥当との見解を示している。

伝本丸跡は中枢部でもっとも低い場所に位置する。本丸取付台とは石段で結ばれるが、伝三ノ丸とは直接連絡する通路は存在しない。郭内部は礎石等を据え付けた後に土を入れて造成していた。中央部に敷地の大部分を占める礎石建物（東西一六列、南北一二列）を確認。建物の礎石一一五石（昭和一六年の調査後二石が亡失。二一ヵ所の礎石抜き取り痕を確認）が検出された。建物は、信長が天皇行幸を意図して建造した北に開口部を持つ「コ」の字形平面配置の御殿と藤村泉氏（元・安土城郭調査研究所所長）は推定している。

伝二ノ丸跡は、天主の西側に構築された郭で、伝本丸跡と天主の中間点の高さに位置する。郭内には礎石と想定される石材も散見するが、現在織田信長廟所となっている。

伝三ノ丸跡（伝名坂邸跡）は、主郭部の南東端に位置する独立郭で、主郭部のどことも接続していない。北東および南東側は高さ一〇メートル以上の高石垣、伝本丸跡とは高低差が約五メートルで石垣によって隔てられている。郭内で明確な礎石列二列を検出し、建物の存在が確実となっている。

伝三ノ丸南郭は、伝三ノ丸跡の南東に位置する一段低い郭で、三ノ丸へ上がるスロープが天正一〇年（一五八二）の火災後から「貞享古図」が描かれた間に作られたことが判明した。四石の礎石が検出された。

本丸取付台（「貞享古図」では本丸取付臺）は、天主の東下に位置し、天主台の周囲を取り囲む帯郭の一つで、伝二ノ丸跡とほぼ同じ高さで、平坦面はそのまま西側伝二ノ丸跡へ続く。北側に伝本丸北虎口、南側中央部に伝本丸跡へと続く石段が見られる。

伝二ノ丸東溜りは、伝二ノ丸跡より約四メートル低い。「蛇石」ではないかと言われる巨石が残る場所である。大型礎石列二列、小型礎石列一列が検出されている。

以上が、発掘された主要部の概要である。なお、この主要部に配された主な門は、伝黒金門、伝二ノ丸南帯郭西虎口（仕切門）、伝二ノ丸南虎口、伝本丸南虎口、伝本丸東虎口、伝本丸北虎口、主郭北虎口、伝台所跡北虎口の八門である。

『信長公記』に見る安土城主要部と現状遺構

『信長公記』には、主要部（中枢部）内部の様子を克明に伝える天正一〇年正月の「御幸の御間」見学の記載がある。

〈今度は大名・小名によらず、御礼銭百文づゝ自身持参候へと、堀久太郎・長谷川竹両人を以て御触れなり。惣見寺毘沙門堂御舞台見物申し、おもての御門より三の御門の内、御殿主の下、御白洲まで祗候《しこう》仕り、爰《ここ》にて面々御詞を加へられ、先々次第のごとく、（中略）御一門歴々なり。其次、他国衆。各階道《キダハシ》をあがり、御座敷の内へめされ、忝《かたじけな》くも御幸の御間拝見なさせられ候なり。御馬廻・甲賀衆など御白洲へめされ、暫時逗留の処、御白洲にて皆々ひゐ候はんの間、南殿《なんでん》へ罷上り、江雲寺御殿を見物仕候へと上意にて、拝見申候なり。御座敷惣金、間毎に狩野永徳仰付けられ、色々様々あらゆる所の写絵《うつしゑ》筆に尽くさせられ、其上四方の景気、山海・田薗・郷里、言語《ごんご》道断《だうだん》面白き地景申すに計りなし。是より御廊下続きに参り、御幸の御間拝見仕候へと御諚にて、かけまくも忝き、一天君《いってんのきみ》・万乗の主の御座《ござ》御殿へ召上《のぼ》せられ、拝濫に及ぶ事、有難く、誠に生前《しやうぜん》の思ひ出なり。御廊下より御幸の御間、元来檜皮葺《ひはだふき》、金物日に光り、殿中悉く惣金なり。何《いづ》れも四方御張付け、地を金に置上げなり。金具所は悉く黄金を以て仰付けられ、斜粉《ナヽコ》をつかせ、唐草を地ぼりに、天井は組入れ、上もかゝやき下も輝き、心も詞も及ばれず。御畳、備後面《びんごおもて》、上々に青目なり。高麗縁《かうらいべり》、雲絹縁《うんげんべり》、正面より二間の奥に、皇居の間と覚しくて、御簾の内に一段高く、金を以て瑩立《みがきたて》、光耀き、衣香当《あたり》を撥《はらつて》四方に薫じ、御結構の所あり。東へ続ひて御座敷、幾間もこれあり。爰には御張付、惣金の上に色絵に様々かゝせられ、御幸の御間拝見の後、初めて参り候御白洲へ罷下り候処に、御台所の口へ祗候候へと上意にて、御厩の口に立たせられ、十疋宛《づゝ》の御礼銭、忝くも信長直《ぢき》に御手にとらせられ、御後へ投《ナゲ》させられ、〈後略〉

これによると、出仕者は「摠見寺の毘沙門堂と舞台を見てから表門を入り、三の御門の内、天主の下の白洲へ参上」している。現状の遺構に合わせると、「(図5－7Ⓐ)百々橋口から摠見寺へ上がり、毘沙門堂と舞台を見学し、伝黒金門を入り、伝二ノ丸南虎口を入っ

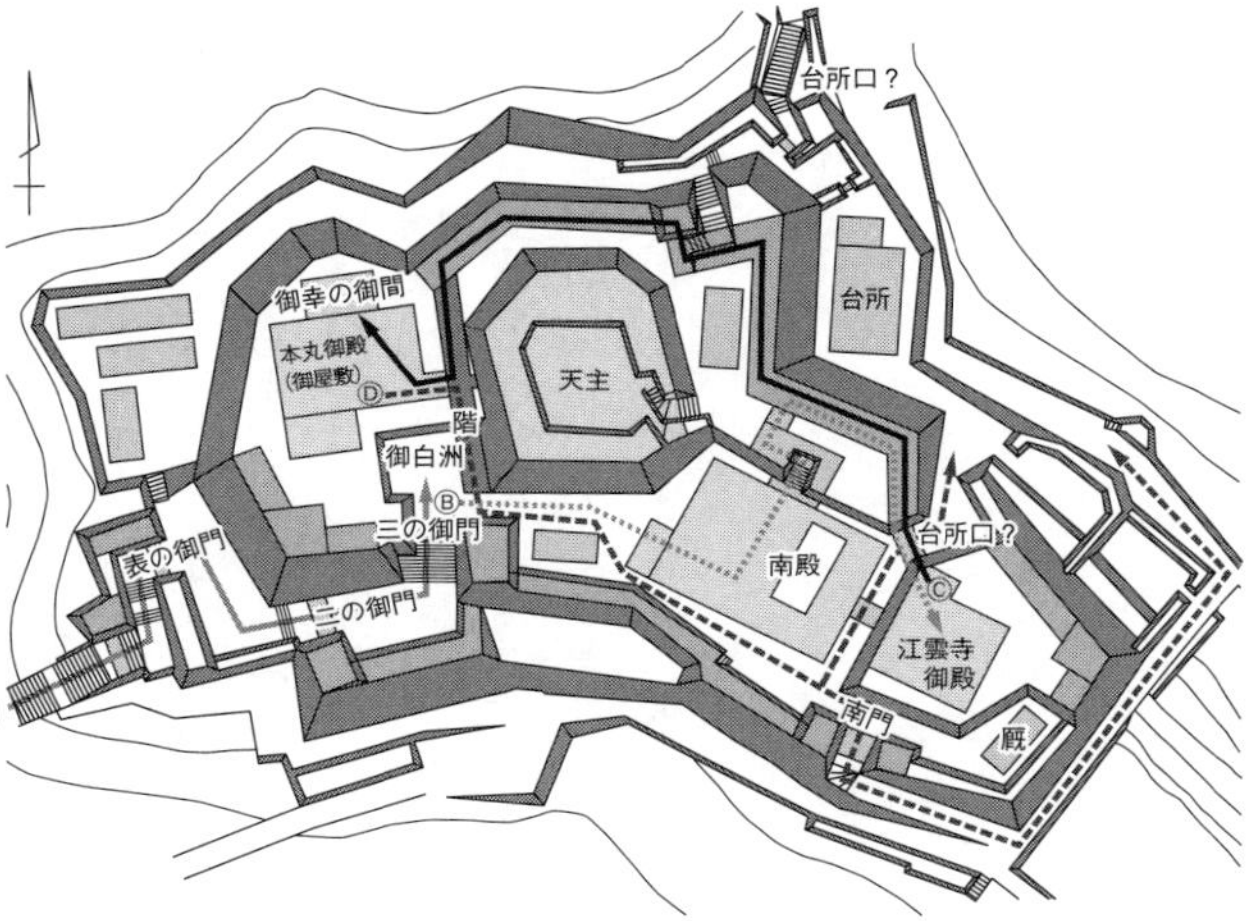

図5-7　馬廻・甲賀衆「御幸の御間」見学ルート推定図

た天主下の伝二ノ丸東溜りにある白洲へ着いた」ことになろう。ここから一門衆、大小名は、「階段を上がり、座敷の中へ招き入れられ、御幸の御間を見学」している。これも現状だと「伝二ノ丸東溜りにある白洲から階段を上がり、伝二ノ丸に位置する本丸御殿の座敷の中へ入り、御幸の御間を見学した」となる。

次いで、お馬廻衆・甲賀衆の見学ルートになる。「白洲から、南殿へ上がり、江雲寺御殿を見学。ここから廊下を進み、檜皮葺の御幸の御間に入ると正面の二間奥に、天皇の御座所となる御簾《みす》が下がって一段高くなっている上段の間があった。ここを見学し、初めに待っていた白洲へ下りた。その後、台所口へ向かうと、信長が厩の入口に立ち、お祝い金を受け取る」というコースをたどっている。これも現状で言うなら「(図5－7Ⓑ) 伝二ノ丸東溜りにある白洲から伝本丸御殿へ上がり、さらに伝三ノ丸の御殿を見学。(図5－7Ⓒ) そこから本丸取付台を通り伝二ノ丸にある御幸の御間を見学。(図5－7Ⓓ) ここから階段を下りて白洲へと戻った。その後、台所口へ向かうと、伝三ノ丸南郭にある厩への入口横に位置する伝本丸南虎口に信長が立っており、ここでお祝い金を渡した」ということになろう。この記述でわかることは、御幸の御間には、階段を上がるルートと江雲寺御殿から廊下続きで入るルートがあったということである。

この解釈なら、まったく矛盾なく『信長公記』の記載通りのルートをたどることが可能である。『信長公記』によると、中枢部にあった建物は、

① 御殿主
② 三の御門
③ 白洲
④ 階道
⑤ 内部に御幸の御間がある御殿（本丸御殿）
⑥ 南殿

⑦　江雲寺御殿
⑧　厩
⑨　台所

である。現在の中枢部の名称は、天主台、本丸取付台、伝三ノ丸跡、伝二ノ丸跡、伝二ノ丸東溜り、伝本丸跡、伝三ノ丸南郭になる。前述のように矛盾なく、天正一〇年正月の「御幸の御間」見学ルートが可能な中枢部の配置を、現況に比定すると以下の通りになる。

①　御殿主は天主
②　三の御門は伝二ノ丸南虎口
③　白洲は伝二ノ丸東溜り
④　階段は伝二ノ丸東溜り
⑤　内部に御幸の御間がある御殿（本丸御殿）は伝二ノ丸
⑥　南殿は伝本丸
⑦　江雲寺御殿は伝三ノ丸
⑧　厩は伝三ノ丸南郭

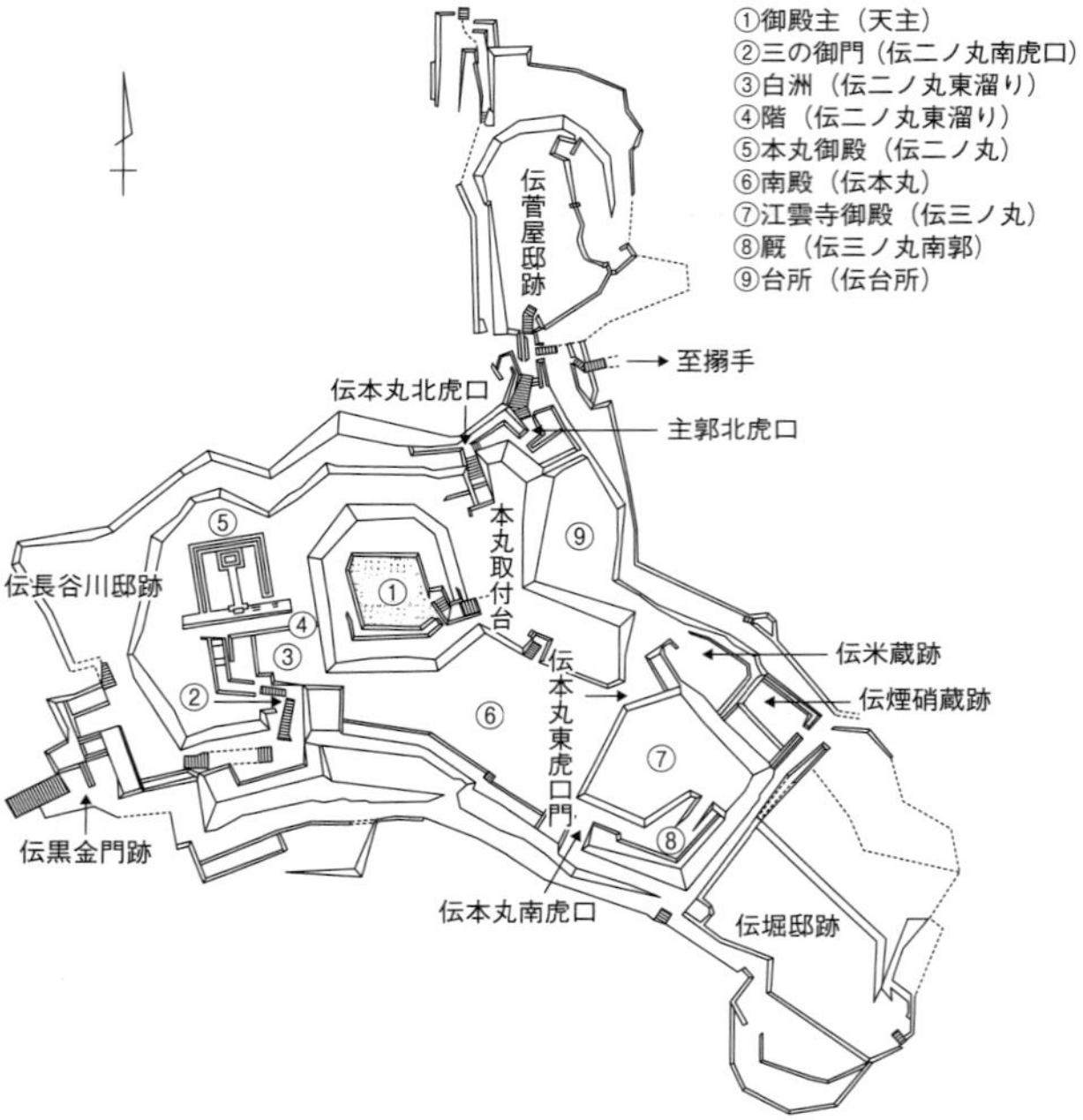

図5-8　主郭部平面図（滋賀県教委編著『安土信長の城と城下町』サンライズ出版2009を改変）

⑨　台所は伝台所

『信長公記』の記載を見る限り、階段〜本丸御殿(御幸の御間)〜江雲寺御殿〜南殿はすべて渡廊下によって接続しており、外に出ることなく行き来が可能であった。上記のように現状遺構をあてはめた場合、外に出ることなく行き来できる。少なくともこの配置で矛盾点・問題点を見出すことはできない(図5−8)。

発掘成果と『信長公記』から見た主要部

前掲の『信長公記』の記載で、中枢部の建物配置を考える際、もっとも重要な手掛かりは、〈階道をあがり、御座敷の内へめされ、忝くも御幸の御間拝見なさせられ候〉である。御幸の御間へは階段を上がって行ったことが判明する。この記述から、「御幸の御間」は伝二ノ丸南虎口の存在する平坦面から階段を上った場所に位置していたことになる。可能性としては、伝二ノ丸跡、伝三ノ丸跡、本丸取付台の三つの郭も対象にはなるが、敷地面積や位置関係から伝二ノ丸跡とするのが妥当である。廃城となった中枢部に廟所を建立するなら、普段信長に会っていた場所に廟所を建立するのが普通の感覚である。間接的ではあるが、信長廟所の位置からも伝二ノ丸こそが「御幸の御間」が存在した本丸御殿であった可能性を補強している。

次に階段の位置であるが、伝二ノ丸跡を本丸御殿とするなら、当然伝二ノ丸東溜りにあったと考えられる（詳しくは、後出「検出された二ノ丸東溜りの構造」の項を参照）。

南殿へは、白洲から上がりとあり、階段等の施設を使用することなく上がったことが判明する。白洲が伝二ノ丸東溜りにあったとすれば、伝本丸御殿以外に南殿に相当する建物は存在しない。南殿に続いて江雲寺御殿を見学しているため、南殿と江雲寺御殿が往来可能であったことになる。江雲寺御殿は消去法で、伝三ノ丸にあたる。伝本丸御殿と伝三ノ丸が直接往来可能なら、伝三ノ丸を江雲寺御殿として問題はない。伝本丸御殿北側から石段で本丸取付台へと上がり、伝本丸東虎口門の二階部が伝三ノ丸へと接続していたなら、直接の往来が可能になる。本丸取付台と伝三ノ丸は、同一レベルとなるため、門上の通路によって往来は比較的容易である。伊予松山城や和歌山城でも門上の通路を利用して、櫓や小天守と天守との往来を可能にしている。従って、門上を通路として利用することに問題はなかろう。江雲寺御殿は、伝三ノ丸に位置していたことになる。

江雲寺御殿からは廊下を進んで「御幸の御間」を見学。本丸取付台からは明らかに建物の礎石が検出されており、ここに渡廊下が存在した可能性は高い。本丸取付台からは天主台穴蔵への通路も開口しており、それらが渡廊下で接続していたことになる。本丸取付台と伝二ノ丸は、ほぼ同一レベルであるため、渡廊下が接続するに何ら問題はない。江雲寺御殿から渡廊下を介して「御幸の御間」へ行けば、『信長公記』の記載とのずれは生じない。前述のように「御幸の御間」へは二ルートが存在しており、「御幸の御間」~南殿~江雲寺御殿は回遊が可能であった。

厩については、白洲から台所口へ向かう途中の東側に位置しており、台所口へは伝本丸南虎口を通って伝煙硝蔵を曲がって行くルートと、伝本丸東虎口を利用する二ルートが考えられる。信長の立っていた厩の口は、伝本丸南虎口門の前と考えられるため、厩は伝三ノ丸南郭に比定される。この郭は三方を石垣に囲まれている。厩は、幅六メートルあれば十分であるため、その面積からすると一五×六メートルの厩一棟の建設が可能である。馬なら七頭程度の飼育が見込まれ、さらに馬屋番の建物を構築する広さも有している。

ルイス・フロイスは、〈上手の方に彼の娯楽用の馬の小屋があるが、そこには五、六頭の馬がいるだけであった。それは厩であるとはいえ、きわめて清潔で、立派な構造であり、馬を休息させるところと言うよりは、むしろ身分の高い人たちの娯楽用の広間に類似していた〉と記しており、五、六頭の馬がいたことを記す。伝三ノ丸南郭の面積は信長娯楽用の厩を造営するには十分な広さであった。

以上が、『信長公記』の記載に沿った建物配置になる。『信長公記』に記載はないが、本丸御殿と天主も階段によって接続していた可能性が考えられる。天主一階と伝二ノ丸との高低差は六〜八メートルで、決して階段設置が難しいわけではない。踊り場を設けて直角に振れば、白洲からの階段との接続も可能で、一連の建物として、往来が可能になる。

フロイスの記載もまた、これを補強する。〈信長は、この城の一つの側に廊下で互いに続いた、自分の邸（本丸御殿）とは別の宮殿（南殿）を造営したが、それは彼の（邸）よりもはるかに入念、かつ華美に造られていた。我ら（ヨーロッパ）の庭園とは万事において異なるその清浄で広大な庭、数ある広間の財宝、監視所、粋をこらした建築、珍しい材木、清潔さと造作の技巧、それら一つ一つが呈する独特でいとも広々とした眺望は、参観者に格別の驚愕を与えていた〉とあり、本丸御殿と南殿が廊下続きであったことを記している。

いずれにしろ、安土城中枢部は天主と三御殿（本丸御殿・南殿・江雲寺御殿）が渡廊下等によって往来可能な構造となっていたのである。

主要部三御殿の役割

主要部には、本丸御殿、南殿、江雲寺御殿の三御殿が存在していたが、それぞれどのような役割を持っていたのであろうか。

安土城こそが、城内に御殿建築を併設した初の事例であった。そのため、江戸期に普遍的に築かれた御殿建築とはかなり異なっていた。安土城の完成にもっとも近い城で、本丸の構造が図面等で判明するのが、秀吉の築いた大坂城である。

安土城が天正七年完成、秀吉の大坂城の築城開始が、四年後の天正一一年のことであった。秀吉の築いた大坂城の本丸は、江戸幕府の京都大工頭中井家所蔵の大坂城「本丸図」に詳しい。この図面を見ると、天守の位置する天守曲輪に御殿、さらに一段低く南側にもう一つの御殿が置かれている。天守曲輪の御殿が、秀吉夫妻の日常生活の場である奥御殿、本丸の御殿が対面所を持つ表御殿になろう。

『信長公記』に記載される御殿名は「高雲寺御殿」のみで、他の御殿については内部にある「御座敷」と「御幸の御間」「上段の間」しか見えない。大坂城とは異なり、安土城は天主が信長の居所として機能しており、言うならば天主が「奥御殿」と理解される。この天主と接続する本丸御殿が「中奥」という位置づけで、ここに「御幸の御間」が存在していた。本丸御殿には、対面所があり、信長の許可を得た特別な人のみが入場を許されたのである。

本丸御殿で対面した人のみ、特別な恩恵によって「御幸の御間」の見学が許されたと思われる。通常なら、奥御殿に隣接して書院や広間、会所、納戸、台所、湯殿、数寄屋などが建てられるが、本丸御殿の全容がはっきりしないため、何とも言いようがない。

ただ、他城とは異なり、天主が信長の居所であり、私的な会所や対面所としても利用でき、さらに上階は数寄屋的な場ともなるため、通常の建築様式の範疇《はんちゅう》を越えていたことだけが判明する。

「本丸御殿と廊下続きで往来が可能な別の御殿を造営。その御殿は、本丸御殿より丁寧な作りであり、豪華であった」とフロイスが記したのが、南殿（伝本丸御殿）で、ここでは西側に約二四×一七㍍の礎石建物、東側に約七×二四㍍の礎石建物が検出されており、両建物が南側で長さ八メートル、幅四メートルほどの渡廊下によって接続し、その真ん中には八×一〇メートルほどの庭が存在していたことが推定されている。ここが表御殿と思われ、西が対面所、東が書院あるいは広間と考えたい。通常の対面にはここが利用された。天主および本丸御殿へは、やはり特別な人しか案内されることはなかったのである。

安土に御礼に来た徳川家康一行の接待の場となったのが江雲寺御殿であった。『信長公記』原文では〈徳川家康公御振舞の御仕立仰付けられ、御座敷は高雲寺御殿、家康公・穴山梅雪・石河伯耆・坂井左衛門尉、此外家老の衆御食下され〉とあり、ここが会所として利用されていたことが判明する。

安土城の三御殿は、本丸御殿が天主を含め信長の居所となった「奥御殿」、南殿が政庁として正式な対面を行う「表御殿」、江雲寺御殿が、行事等を開催する「会所」として利用されていたのである。

検出された二ノ丸東溜りの構造

二ノ丸東溜りは、二ノ丸と天主台に囲まれた南北約一二×東西約一七メートルの空間で、南は三の御門から本丸への通路に面している。背後に位置する二ノ丸との高低差は約四メートル、東に位置する天主台との高低差は約一一メートルである（図5－9）。発掘調査によって礎石・礎石抜き取り穴と礎石上に残る炭化柱材、立ったままの状態の壁材、さらに当初の位置関係をほぼ残す炭化建材を確認している（図5－10）。

七〇センチ前後の大型礎石は、天主台西面石垣下端に沿って、ほぼ一メートル間隔で一二石（礎石1～12、11は礎石抜き取り穴）の礎石列A。西側二・四メートルの位置に礎石列Aに平行する約二・

図5-9　二ノ丸東溜りの現状

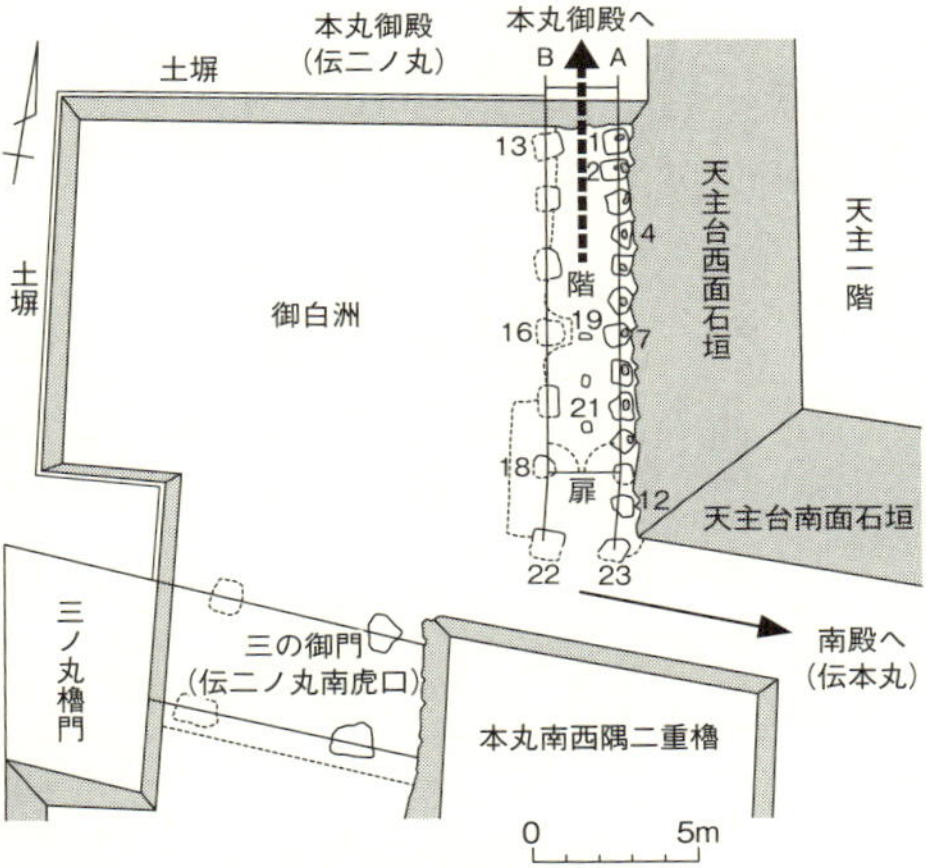

図5-10　二ノ丸東溜りの検出遺構位置図

一メートル間隔での六石（礎石13〜18、うち14は未掘で推定、18は礎石抜き取り穴）の礎石列B。両者の間には約一・四メートル間隔で小規模な礎石三石（19〜21）を検出した。礎石列A、Bの南端で若干位置がずれる二石の礎石（22、23）も確認されている。

　礎石上に残存していた柱材の大きさは、二〇センチ四方を中心にばらつきが見られる。南二間分で一辺一〇センチ前後の根太材を検出し、壁材（厚さ約三〇センチ）は、礎石16上の炭化柱材の前後、南北方向で立ったままの状態で検出。なお、壁材は漆喰仕上げは施されていない。また、屋根に瓦が葺かれていない建物であった。

　出土遺物は、天主から崩落した瓦類・金具類等が主体で、完形の黄瀬戸一点と、集中して出土した鉄製土工具類が特徴的な遺物として挙げられる。黄瀬戸は、出土状況から礎石2の壁際に棚等の収納空間があり、そこに保管されていたと推定される。鉄製土工具類は、十能六点、鍬先四点が北端の二ノ丸石垣沿いで出土。本来は、木製の柄付きで、建物の壁に掛けられたか立てかけられていた物が、瓦の崩落によって落下し、木製の柄部分のみ焼失したのであろう。ともに、建物内部に収納・保管されていたと思われる。

　この発掘調査結果と矛盾をきたさないことを大前提に、ここに何があったかをまとめておきたい。ただ、二ノ丸東溜りの全面的な発掘調査が実施されていないため、あくまでも可能性であることをお断りしておきたい。

『信長公記』は、「三の御門を入った所で、天主の下にある御白洲へ行った」と記す。門は、主要部に至るまで三門が確認されている。『信長公記』では、伝黒金門を「表の御門」、伝二ノ丸南虎口門を「三の御門」としていることから、伝二ノ丸南帯郭門が「二の御門」ということになる。すると、御白洲は三の御門（伝二ノ丸南虎口門）を入った場所になる。御白洲は、二ノ丸東溜りか天主南下で伝本丸御殿の西側以外に該当する場所はない。

『信長公記』は、ここから見学ルートが二ヵ所に分かれるのは、前述の通りである。一つは「階段を上がり、座敷の中へ招き入れられ、御幸の御間を見学」、もう一つが「白洲から、南殿へ上がり、江雲寺御殿を見学」になる。御白洲からは階段を上がっている。従って天主南下とすると、階段設置場所が見当たらない。とすれば、二ノ丸東溜りが白洲で、ここから高低差約四㍍を階段で上がる以外の答えは見つからない。もう一点、ここから南殿・本丸御殿に行くまでの間に、門があったとの記載はないため、三の御門から内側には門がなかったことになる。あれば、門を入ってと記載するのが太田牛一の常である。

『信長公記』の記載通り、二ノ丸東溜りの遺構が階段かどうかを検討しておく。まず柱の太さが概ね七寸角となる。現代の通常の住宅に使用される柱材が三・五寸と半分の太さで、四寸角の柱は積雪地の住宅に用いられている。従って、七寸角なら、階段および階段全体を覆う巨大な覆い屋の柱材として要件は十分満たすことになる。次に、南側二間分が床張り構造として階段の設置が可能かどうかである。当然、扉を開けてすぐに階段が始まることは考えにくい。二間の張り床の踊り場は階段の前室の役目も果たし、むしろ階段説を補強する。

　出土遺物は、北端に集中しており、ここに棚等の設置が可能かどうかであるが、階段は高さが四メートルであり、礎石4の位置で約二メートルと推定される。当然階段下スペースが利用可能となる。さらに階段下なら土間であっても何ら問題はない。階段下であったからこそ土間としたことも考えられる。側面の構造であるが、一部で立ったままの壁材も確認されており、土壁構造となる。屋根は、瓦葺が否定されているため、柿葺《こけらぶき》もしくは檜皮葺であった。西側列Bで壁材が確認されているため、建物は西列Bで完結していたことになる。

　これらの検証から、検出遺構は『信長公記』にある「階段」として問題は見当たらない。まず、礎石1と13が階段の最上部となり（図5－11）、二ノ丸入口との間に一間×一間（南北二・一メートル×東西二・四メートル）の踊り場を想定。階段下部が礎石7と16であるため、階段の角度はおおよそ三五度（現在の住宅の場合、三〇～三五度の勾配が最適とされている）となり、ほぼ理想的な勾配となる。階段を下りると二間×一間の踊り場、その南側には一間×一間の土間を置く。この建物の東西は土壁で、仕上げがされていないことから、少なくとも見える西

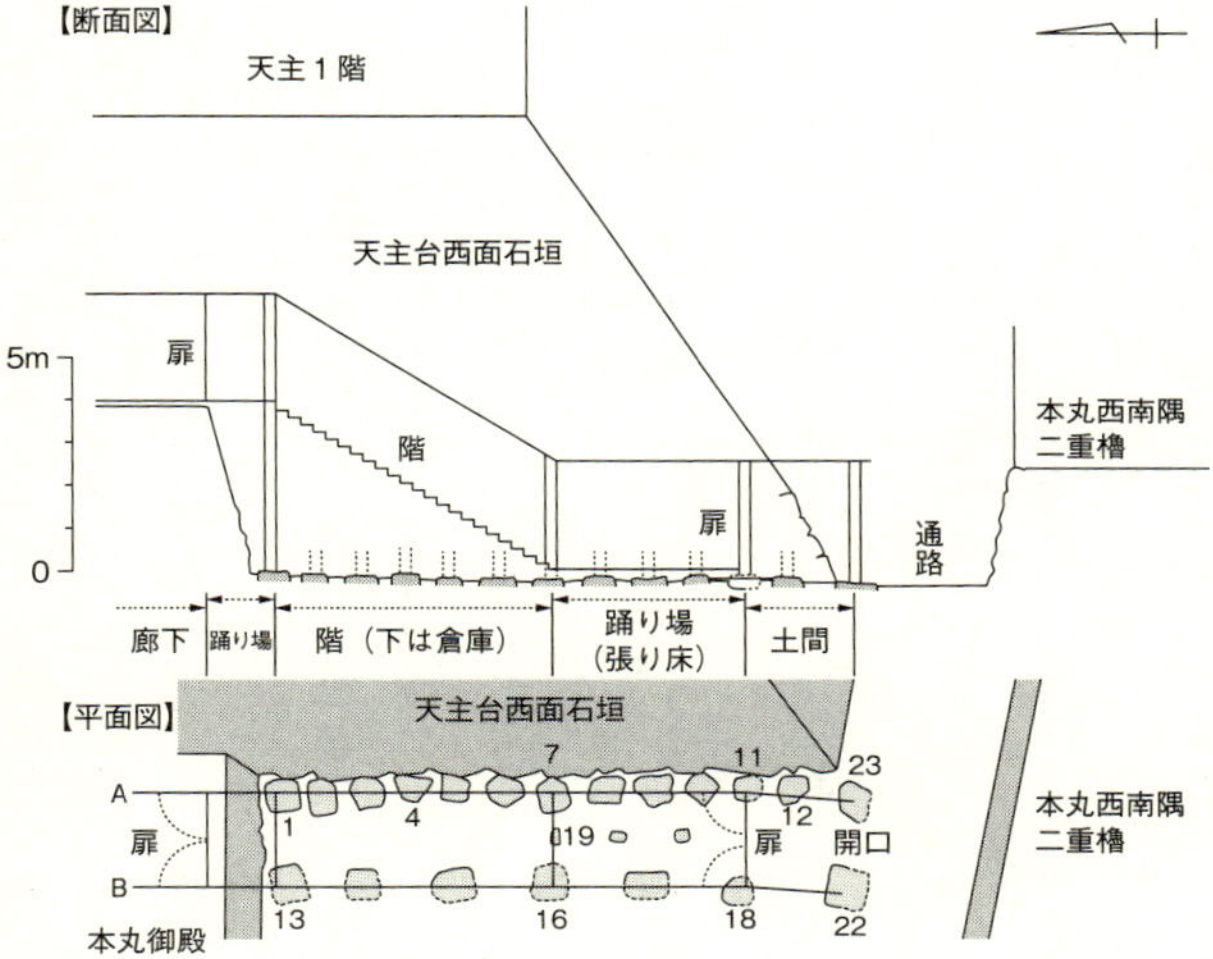

図5-11　二ノ丸東溜りの検出遺構復元案

側（礎石13）については土壁の上に板材を張った板張りと考えられる。

入口扉は、南側踊り場の南面（礎石11〜18）に半間の両開き戸を設置し、最南面（礎石22・23）は開口させていた。西側最南面（礎石18〜22）の一間分も開口していた可能性がある。南側一間分の軸のずれは、南側の櫓と通路との取り合いの関係が推定される。階段下部は、倉庫として利用されており、北側西面（13〜16の間）に片開きの戸が設置されていたと考えれば、検出遺構と矛盾なく解釈が可能である。

なお、東側の礎石列Aに沿って天主台に柱が焼けた黒色の痕が残されていたため、ここに斜めの柱があったとの説もあるが、石垣に押し当てて設置してある柱が焼けた場合、通常黒色ラインが残るのではなく、焼け残って柱部分のみ白く残るはずである。ここで見られた黒色ラインは、焼けた柱組みが東側に倒れ、石垣に寄り添って燃えたための事象と理解される。また、西側土壁は西側に倒れていたことも確認されているため、建物東側部分は東に、西側は西に分離して倒れたことになる。通常の建物なら中央で分離することなく、同一方向に倒れるはずであるが、建物が階段と階段を覆う特殊な形態の建物であったためと、屋根が檜皮もしくは柿屋根のために起こった現象であろう。上部からの落下物の影響を受け、屋根が燃え、東西の建物を繋いでいた細い梁が燃え、床張りでなかったため、強度が不足し左右に分離して倒れたのである。この事実も、この建物が床張りでなかったことを示す事例になろう。

このように、発掘成果は、ここにあった建物が階段ということを裏付ける。

文献資料に見る安土城の姿

完成からわずか三年余で、姿を消した覇者の城は、多くの文献が断片的にのみ、その姿を伝えている。残された資料を大別すれば絵画資料と文献資料の二種類になる。絵画資料は屏風や絵図・図面類で、文献資料は国内に残る文字資料と、宣教師達が残した書簡等の海外資料に分けられる。

中でも、もっとも有名で克明に城の姿を伝えたとされるのが、日本のもっとも著名な画工（狩野永徳か）に描かせた「安土山図屏風」である。信長の命で、実物と寸分違わぬように詳細に描いたと伝わる屏風は、宣教師ヴァリニャーノを通じ、最終的にローマ教皇グレゴリオ一三世に献上された。グレゴリオ一三世は、この二曲一双の屏風をバチカン宮殿「地誌廊」に展示させたが、その後行方不明となったまま現在に至っている。

一方、城の内部の姿は、太田牛一の著した『信長公記』巻第九の天正四年七月条の「安土（山）御天主之次第」がもっとも詳しい。『安土日記』（前田育徳会尊経閣文庫蔵）・『信長記』等多数の異本が存在するが、研究・検討が尽くされ、『安土日記』がもっとも原本に近いとされている。

そのほか、岐阜の禅僧南化玄興に、安土城の勇姿を未来永劫伝えるために信長自ら依頼した漢詩文「安土山ノ記」も伝わる。内容的には安土賛歌のようなもので、その姿に関する部分は少ない。わずかに「石壁嵯峨タリ三百尺」「玉楼金殿雲上ニ秀デ」「碧瓦朱甍日辺ニ輝ク」と、石垣の見事な様子と雲をつく絢爛な天主、瓦屋根に関する記述があり、『信長公記』や宣教師の記載とも相通ずる内容となっている。

『信長公記』と同等の資料的価値を有するのが、イエズス会宣教師による諸記録である。

天主や城を実見し、内部を案内されているだけに、信頼性は高い。『耶蘇会士日本通信』、イエズス会『日本年報』、ルイス・フロイス『日本史』が伝わる。いずれも第三者的客観性はあるが、日本文化を理解していないための誤解も見られる。だが、外国人の素直な目で見た城の外観の様子等が詳しく記載されており、検討に値する内容である。

まずそれら宣教師の記録を見ておきたい。

『耶蘇会士日本通信』天正五年、パードレ、オルガンティノの書簡

「信長の築いた城は、キリスト教国にもないほどの壮大なものであった。中央に、二〇畳敷で、高さ一五間、五層の屋根を持つ塔が築かれ、最上階には鐘が吊るされていた。奈良の大仏と同等の経費を要した」

『耶蘇会士日本通信』天正八年、パードレ、ジョアン・フランシスコの書簡

「信長の城は、約三〇〇の石段を上るかなり高い山の上にある。石段を利用するのは多少辛いが、馬もこの階段を利用している。山の周囲には、堅固な壁に囲まれ城のような大身家臣の屋敷がある。頂上にある堅固な壁（石垣）に囲まれた天主は、宮殿と呼ぶのが相応しい。七階建てで、信長も迷うほど多くの部屋を有している。美麗完全な障壁画が道しるべとなるが、不完全なものを認めない信長は、国内で最高の職人を各地から招集しこの障壁画を描かせた。床は天井と同じように磨かれ、戸や窓は鏡のようである。天主の外壁は、最上階のみ金と青色で塗られているが、他は真っ白に光り輝いている。瓦は、非常に精巧に造られ、瓦当は金を塗ったようである」

『耶蘇会士日本年報』天正九年、パードレ、ロレンソ・メシアの書簡

「信長の宮殿は、樹木に満ちた山の頂上にある。周囲には、高石垣の上に建てられた壮大で立派な大身家臣の屋敷が広がっている。信長の御殿は、多くの金を用いた壮麗なもので、屋根瓦の瓦当まで金で光っている」

『日本年報』天正一〇年

「山頂には、信長の城がある。この城の工事は、ヨーロッパのもっとも壮大なものと比べられるほどであった。周囲に築かれた堅固な石垣は一〇メートルを超え、その中央に金の装飾を施した壮大稀有な屋敷（御殿）が建ち並んでいる。中央には、内外ともに驚くべき構造を持つ、ヨーロッパの塔より壮大な七重の塔（天主）があった。内部の彫刻は、極彩色ですべて金が使用されている。外部は、各階が異なった色で塗られ、窓は、黒漆、朱、青に塗られているが、最上階は金色となっている。天主や御殿は、世界でもっとも丈夫な青瓦で葺かれ、瓦当は金色に輝いている。さらに鬼瓦を載せることによって、より壮麗さを増している。木造でありながら、内外ともに石か石灰を使用したようで、ヨーロッパのもっとも壮麗な建物と遜色はない」

ルイス・フロイス『日本史』

「信長は都から一四里の近江の国の安土山という山に、その時代まで日本で建てられたもののなかでもっとも壮麗だといわれる七層の城と宮殿を建築した。総石垣から成り、非常に高く厚い壁の上に建ち、本丸へと運び上げるのに四、五千人を必要とする石も数個あり、特別の一つの石は、六、七千人が引いた。工事中に石がずり落ち、一五〇人以上が下敷きになり圧死したと言う。

石垣と塀は驚くほど高く、石積み技術にすぐれ、切石と漆喰造りのヨーロッパ石造建築と遜色ないほど堅固で豪華な出来栄えである。宮殿や広間の豪華さ、窓の美しさ、内部で光彩を放っている金、赤く漆で塗られた木柱とすべて塗金した他の柱の数々、食料庫の大きさ、庭園の美しさ、自然を取り入れた池、黒く漆で塗られた鉄が打ち込まれた扉、全建築と家並みの塗金した枠がついた瓦、新しい豪華な宮殿とおびただしい部屋の塗金した絵画の装飾、周辺に広がる見張り用の堡塁の数」

「城の真ん中には、天主と呼ぶ一種の塔があり、ヨーロッパの塔よりもはるかに気品があり壮大な別種の建築である。七層のこの塔は、内部、外部ともに驚くほど見事な建築技術で造営された。事実、内部にあっては、四方の壁に描かれた金色、その他色とりどりの肖像（障壁画）が、そのすべてを埋めつくしている。外部は、各層ごとに色が異なり、黒漆を塗った窓を配した白壁となっており、この上なく美しい。赤や青に塗られた箇所もあり、最上層はすべて金色となっている。さらに天主は、非常に丈夫なうえ華美な瓦で覆われている。瓦は青く見え、前列の瓦は金色の瓦当になっている。屋根には、非常に気品のある技巧をこらした形の鬼瓦が置かれている。このように全体が堂々たる豪華で完璧な建造物となっていた。

これらの建物は、山上に築かれたうえ、建物自体が高く、雲を突くかのようにはるか遠くからも見ることができた。信長は、本丸御殿と廊下続きで往来が可能な別の御殿も造営した。その御殿は、本丸御殿より丁寧な作りであり、豪華であった。ヨーロッパの庭園と異なる広大な庭、多くの広間にある財宝類、監視所、技巧を凝らした建築美など、それまで見たこともない姿形に、見る人は驚愕するのであった。

城の周りには、石垣作りの砦群が構えられ、そこに物見の鐘が置かれ、昼夜分かたず城兵が警戒にあたっていた。主要な壁は、鉄板で覆われている。本丸にある信長の厩は、身分の高い人たちの娯楽用の広間のようで、馬小屋とは思えないほど立派な建物であった。ここには、信長専用の五、六頭の馬がおり、馬の世話をする四、五人の若者達は、美しい衣装をまとっている。夜明けの一時間前に、三五人の小僧たちが、完全な掃除を注意深く行い、常に城を清潔に保っていた。毎日の掃除は、盛大な祭日を迎えるためのように実施されていた」

このように、宣教師達の記録はかなり具体的にその姿を描写しているが、共通する箇所もあれば、矛盾をはらんだ記述も見られる。天主の外観は五重七階で、青や赤、白と各階の色が異なり、最上階は青と金色で、屋根に鐘（風鐸）が吊るされていた。また、窓は黒漆。屋根は青く光る瓦で葺かれ、瓦当や鬼瓦には金箔が貼られ、光り輝いている。内部には、多くの部屋があり、皆色とりどりの障壁画が描かれており、豪華絢爛であったと、安土城の外観を伝えている。また、一様にヨーロッパの建物を凌ぐ豪華絢爛なものとして褒め称えてもいる。

安土山の周囲については、諸邸宅（家臣団屋敷）が上部に向かって重なり合うように建てられていたとしている。これらの屋敷は、入口と上部に監視所を備え、高石垣を有し、頑丈で手ごろな城を形成していた。また、城の周りには石垣造りの砦群が構えられ、見張りの人数が常駐していたとも記している。

絵画資料に見る安土城の姿

文献資料とは異なる絵画資料としては、「安土山図屏風」のほかに、安土城のスケッチや屏風を模した木版画が残る。いずれも、日本建築を理解していないので問題は多いが、外観を伝える資料がほかにない現状では、それなりに理解していく必要があろう。

まず、スケッチによる「安土城天主」「城門」の木版画が伝わる。これは、ルーヴァン（ベルギーの中世都市）第一の画家フィリップス・ファン・ウィンゲがバチカン宮殿の屏風を見て描いたものである。天主は全体像ではなく望楼部（五、六階）のみを表現し、後方に見える船は、琵琶湖に浮かぶ姿を描いたのであろう（図5－12）。

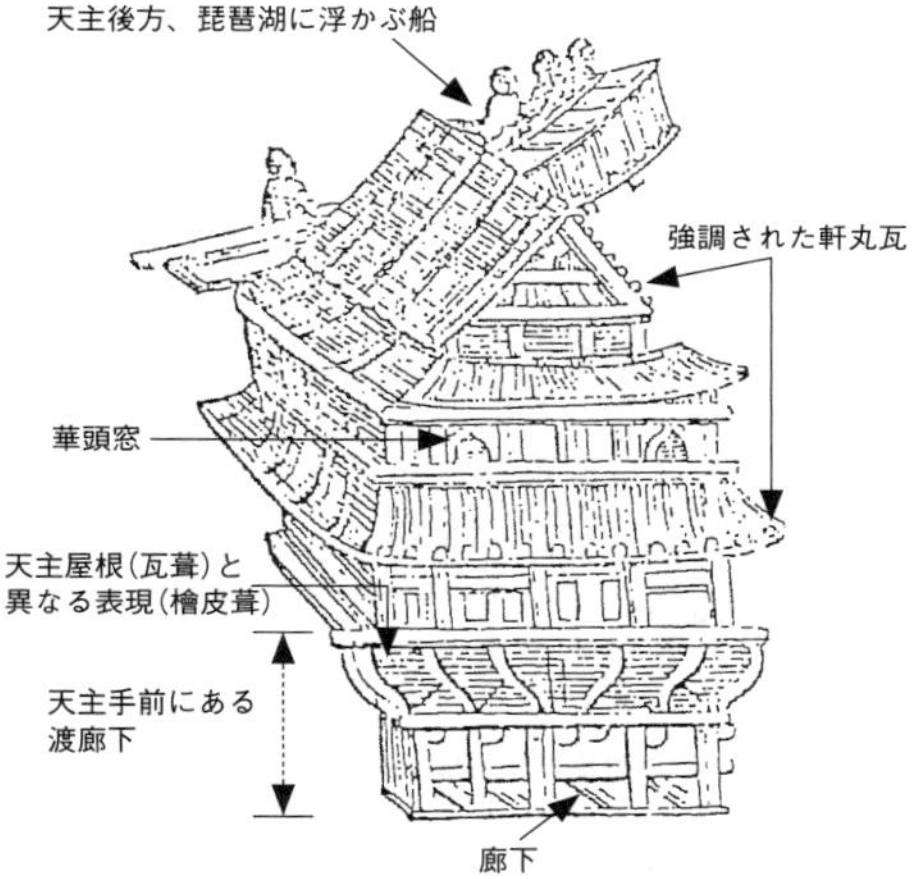

図5-12　ウィンゲの描いた木版画（天主望楼部）

天主には、最上階に二つの華頭窓が描かれる。屋根は、瓦葺であったことを表現しているようだが、瓦当部をことさら強調しているのは、屏風に丁寧に描かれた金箔瓦が、ことのほか印象的であったためであろう。最下部の渡廊下のような表現は、天主と本丸御殿を

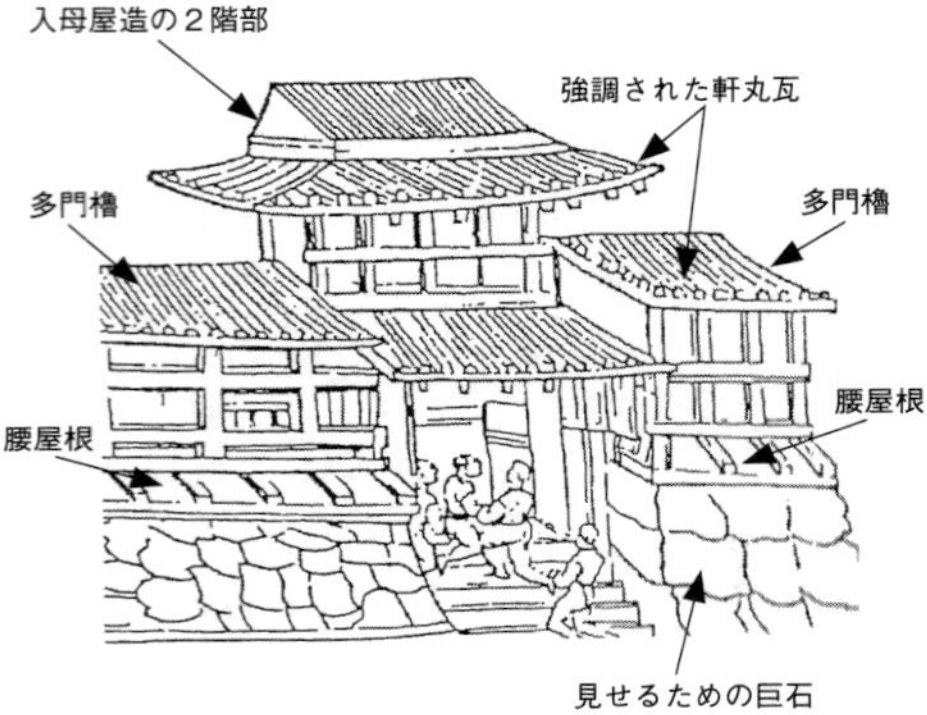

図5-13　ウィンゲの描いた木版画（櫓門）

結ぶ渡廊下、もしくは御殿同士を結ぶ渡廊下が想定される。ヨーロッパにおいて、建物同士を結ぶ廊下の存在が珍しいためか、屛風に多くの渡廊下が描かれていたためかは、判然としない。天主の前面に描くことで、手前にあったことを表現していたと考えたい。瓦屋根でないのは、天主本体と異なる表現方法であるため確実で、檜皮葺と理解される。天主全体を描かず望楼部のみとしたのは、彼らにとって望楼型天主の、塔のように飛び出た望楼部がもっとも重要と判断したためであろう。

　次に城門であるが、二階櫓門となっているため、主要部の門と思われる（図5－13）。さらに石垣右側の巨石は、今も安土城の主要部に残る見せるための巨石と思われる。この門はその特徴から、伝黒金門、本丸西門、本丸南門の三ヵ所のいずれかの可能性が高い。三門ともに主要部の重要虎口となるため、条件は満たしている。櫓門の二階部が、石垣上に載っていないことや、両脇の多門櫓下部に腰屋根が描かれていることは極めて興味深い。この段階では

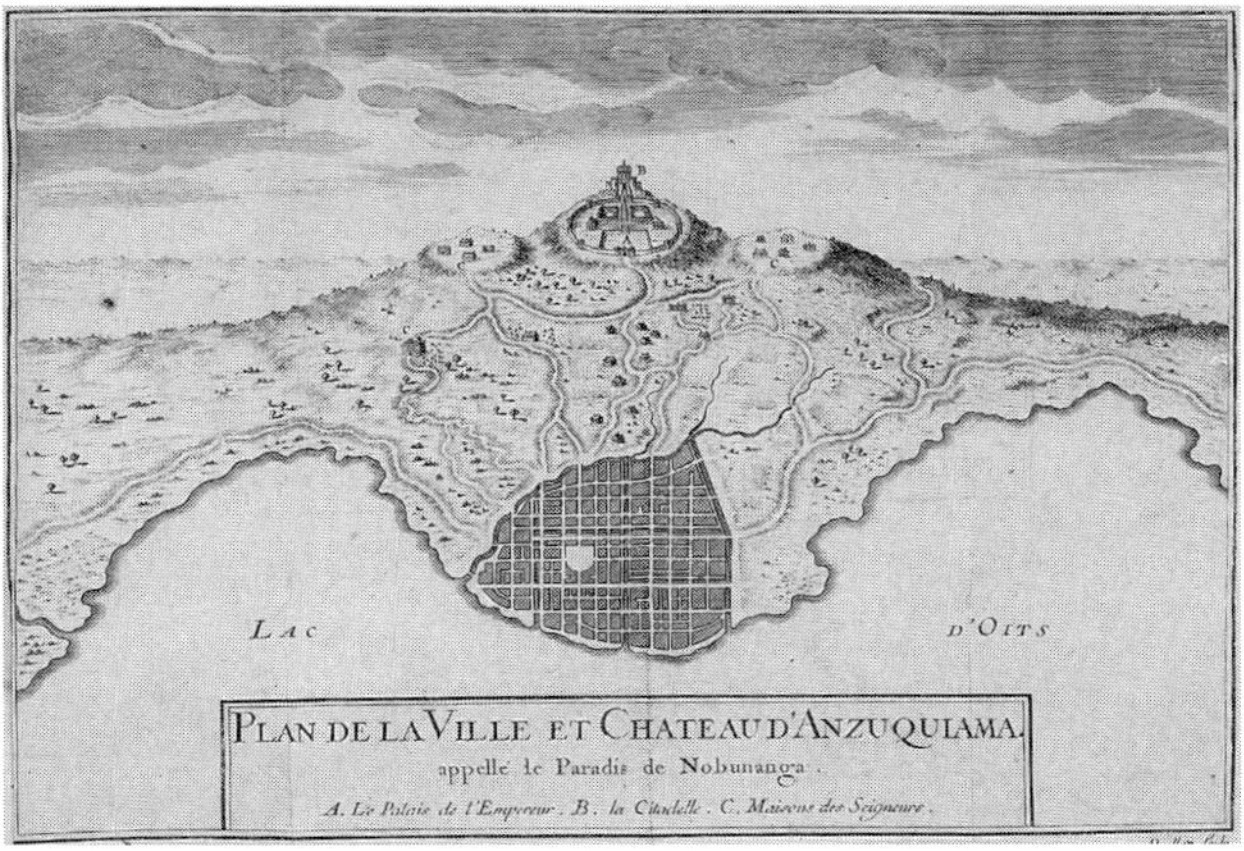

図5-14　安土城と城下町の外観（東京都立中央図書館蔵）

現在のような石垣上に載る櫓門が登場していないことが判明する。それは、分かれた石垣の軸を揃える技術が未成熟であったことと、確実に矩形の石垣が積めなかったことも想定される。それを補ったのが腰屋根の採用であった。

この他、一七三六年、パリで刊行された日本に関する歴史書『日本史概説』に掲載された安土城と城下町の外観（図5－14）も有名である。ヨーロッパの城のように描かれてはいるが、イメージとしては、確かに安土城とその城下を表現している。最高所に皇帝（信長）の宮殿（本丸御殿）と、城砦（天主）。中腹から山麓に諸侯の館、そして琵琶湖に面して碁盤の目状の城下町が描かれ、全体として大きな間違いはない。ただ、ヨーロッパの人にわかりやすい城とするために、全体のイメージを伝えながらも、細部をヨーロッパ化している。このような絵が掲載されること自体、いかに安土城が有名であったかを物語っていよう。この絵には、解説もあるので概略を紹介しておく。

「岩を切り開いて作った石段を登っていくと、広い場所に達し、そこが信長の御殿である。周囲は高さ約二五メートルの堅固で非常に美しい城壁（石垣）に囲まれていた。内部にある庭園、テラス、廊下、いくつもの御殿はまれに見る美しさであった。だが、もっとも驚くべきなのは、城の真ん中に高くそびえるピラミッドのような塔で、山上の最高所に位置していた。この塔は七重で、各階に屋根があり、際立って美しい色彩をはなっていた。中でも、漆塗りの箇所は特別な光彩を持っていた。最上階は、一個の純金の冠を載せたドームのような形で、内外ともに、さまざまな絵やモザイクのような装飾で飾られていた。この装飾をさらに漆が引き立て豪華絢爛さをかもし出し、人々は目を離すことも、見続けることもできないほどであった。これが安土山であり、信長の城であった」

この解釈は、おそらく前述の宣教師たちの記録を読んでまとめたものと考えられ、共通点も多い。

日本側の絵画資料としては、摠見寺に伝わる「近江国蒲生郡安土古城図」（「貞享古図」／一五一頁参照）がある。安土城の中枢部を中心に、これを取り巻く家臣の屋敷地を平面的に描く。天主台は、外側石垣が四角形、内部穴蔵部分が八角形になっている。安土山全体を表現するため南北は圧縮されているが、内湖に突き出した山裾部分の曲線は、かなり克明である。現在、安土城において使用されている郭の名称は、ほぼこれに準拠している。

この「貞享古図」には、かなり多くの写本類が見られる。三井文庫蔵品は模写ではなく、手本として使用し、作成者である軍学者の椿井広雄の所見が組み込まれたものである。絵図資料が少ないだけに、資料的価値は高い。

このほか、江戸時代の安土城と城下を描いたものとして「江州蒲生郡豊浦村与須田村山《さん》論立会絵図《ろんたちあいえず》」が庄屋の東家《ひがし》に伝来。元禄八年（一六九五）の成立で、安土山を含め、観音寺山西麓から下豊浦村（旧・安土城下町の中核部分）全体までの広範囲が描かれ、江戸期の安土の景観を伝える。下街道北側の沼と蓮池は、「貞享古図」に比較し小さくなりつつあるが、旧地形を未だ留めている。城下町には碁盤の目状の配置も見られ、廃城後も城下区割がかなり残されていたことが判明する。

このように安土城の様子を伝える資料は、かなりの数が残されていることになる。だがいずれも断片的な資料でしかなく、その全体像は今も謎のままである。

天主の内部と障壁画

天主内部については、『信長公記』巻第九の天正四年七月条の「安土（山）御天主之次第」、『安土日記』（より『信長公記』の原本に近いとされる）に詳しく記される。また、イエズス会宣教師による諸記録も、天主や城を実見し、内部を案内されているだけに、信頼性は高い。宣教師の伝える安土城天主の内部には、色とりどりの障壁画が描かれた多くの部屋があり、豪華絢爛であったとされる。

各種資料から類推すれば、不等辺の天主台上に三重の入母屋大屋根を持つ建物を築き、その上に、三階建ての望楼を載せた形式となる。地上六階、地下一階で、四階部分が屋根裏階、五階は八角平面で周囲に廻縁高欄を付設、最上階は三間四方の正方形で、やはり周囲に廻縁高欄が設けられた姿が考えられる。内部は、信長の居住スペース（御殿）となるため、全階高級な書院造殿舎となっていた。現存する二条城二ノ丸御殿は、雁行しながら左手奥へ奥へと続くが、安土城は書院造殿舎が上階へ上階へと続いていた。城内に三階建て以上の建物が存在することすら驚くべきことで、御殿建築が上へ上へと続く様に、案内された人々は度肝を抜かれたはずである。

まず、『安土日記』の安土城内の記述全文を確認しておきたい。ゴシック体は本文、明朝体が行間補記である。

〈御殿主ハ七重悉黒漆也　御絵所皆金也　高サ十六間々中
天正五丁丑八月廿四日柱立　同霜月三日屋上葺合候
上一重　三間四方　御座敷之内皆金　外輪ニ欄干有
上龍下龍天井ニハ天人御影向之所被遊候
柱ハ金也　狭間戸鉄黒漆也
四方柱ニハ　数六十余　南伏儀神農皇《ママ》帝　段々ニ御縁をはり出し
三皇五帝　孔門十哲　西文王老子
かうらん（高欄）きほうし（擬宝珠）ひうち　北ニ太公望
商山四皓　七賢　狩野永徳ニかゝせられ
ほうちゃくをつらせられ候　東ニ孔子七賢
二重目　八角四間ほと有　外柱ハ朱　内柱皆金也
釈門十大御弟子等かゝせられ　尺尊御説法之所
御縁輪（縁側）ニハ　餓鬼共鬼共をかゝせられ
御縁輪のはた（鮱）板ニハ　しやちほこ（鯱）ひれう（飛龍）かゝせられ候

かうらん（高欄）　きほうし（擬宝珠）有
三重目　御絵ハなし　南北の破風に　四畳半之御座敷　両方在之　こやの段と申也
四重目　西十二間ニ　岩ニ色々の木を被遊　則岩之間と申候
次西八畳敷ニ龍虎之戦有
南十二間　竹之色々被遊　竹間と申候
次十二間　松計を色々被遊候
東八畳敷　桐ニ鳳凰
次八畳敷　きよゆう（許由）耳をあらへは　そうほ（巣父）牛を牽き帰る所
両人之出たる古郷之躰
次御小座敷七畳敷　でい（泥）計也　御絵ハなし
北十二畳敷　是ニ　御絵ハなし
次十二畳敷　此内西二間之所ニてまりの木を被遊候
次八畳敷　庭子之景気也　御鷹の間と申也
五重目　十二畳敷御絵有　花鳥の間と申也
別ニ一段四畳敷　御座之間有　同花鳥之御絵有
次南八畳敷　賢人間　へうたん（瓢箪）より駒の出たる所有

東麝香之間　八畳敷
十二畳　御門之上
次八畳敷　ろとうびん（呂洞賓）と申仙人　杖なけ捨たる所
北廿畳敷　駒の牧之御絵有　絵のふりたる所　是ふゑつ（傅説）の図と申
次十二畳敷　せい王母の御絵有　西　御絵ハなし
御縁二段ひろ縁なり
廿四畳敷之物置の御なんと（納戸）有
口ニ八てう敷之御座敷在之
十二畳敷　墨絵ニ　梅之御絵を被遊候　同間内　御書院有　是ニ遠寺晩鐘景気被
書　まへに盆山被置候也
次四てう敷　雉の子を愛する所　御棚ニ鳩計かゝせられ
又十二てう敷ニ　鵝をかゝせられ　鵝の間と申也
又其次八畳敷　唐の儒者達をかゝせられ
南又十二てう敷　又八てう敷　東　十二畳敷　御縁六てう敷　次三てう敷
其次八てう敷　御膳を拵申所　又其次八畳敷　御膳拵申所
六てう敷　御南戸　又六畳敷　何も御絵所金也

六重目

北之方　御土蔵有　其次　御座敷廿六畳敷　御なんと（納戸）也
西六てう敷　次十七てう敷　又其次　十畳敷　同十二畳敷
御なんと（納戸）の数七つ　此下ニ金灯炉つらせられ候

七重目

以上　柱数二百四本　本柱長さ八間　高サ十六間々中　本柱ふとさ一尺五寸四方
六尺四方　広サ南北へ廿間　一尺三寸四方木　東西十七間
狭間戸　数六十余有　何れも鉄ニ黒漆也
かな物ハ京のたいあミ被仰付候
七重之御構高く青漢の内に挟ミ　棟梁
上一重　後藤三郎四郎　かなく　仕候在之　見事中計なく候由候
遥に秀て　四面之椽悉　金物有　瓦のこくち　金銀を以て見かき
ひうち（火打）ほうちやく（宝鉦《ママ》）をつらせられ候
白霧之間ニ挑　金銀空に暉き　詞にも難尽筆
御大工　岡部又右衛門　御普請奉行ハ　木村二郎左衛門
漆師首ハ刑部　白金屋首ニ宮西與六
瓦ハ唐様に　唐人之一官ニ被仰付被焼候　瓦奉行　小川孫一郎　堀田佐内《ママ》　青山助一也

御細工請取〈数多在之〉

以上のように、各階、各部屋の様子を一つひとつ詳細に記している。天主はすべて黒漆で塗られ、絵は金泥障壁画。高さは一六・五間（七尺一間で、約三五メートル）であった（図5−15）。内部は、地階（穴蔵）と屋根裏階となる四階を除くすべての階に、当代一の絵師狩野永徳と一門衆によって色とりどりの障壁画が描かれていた。

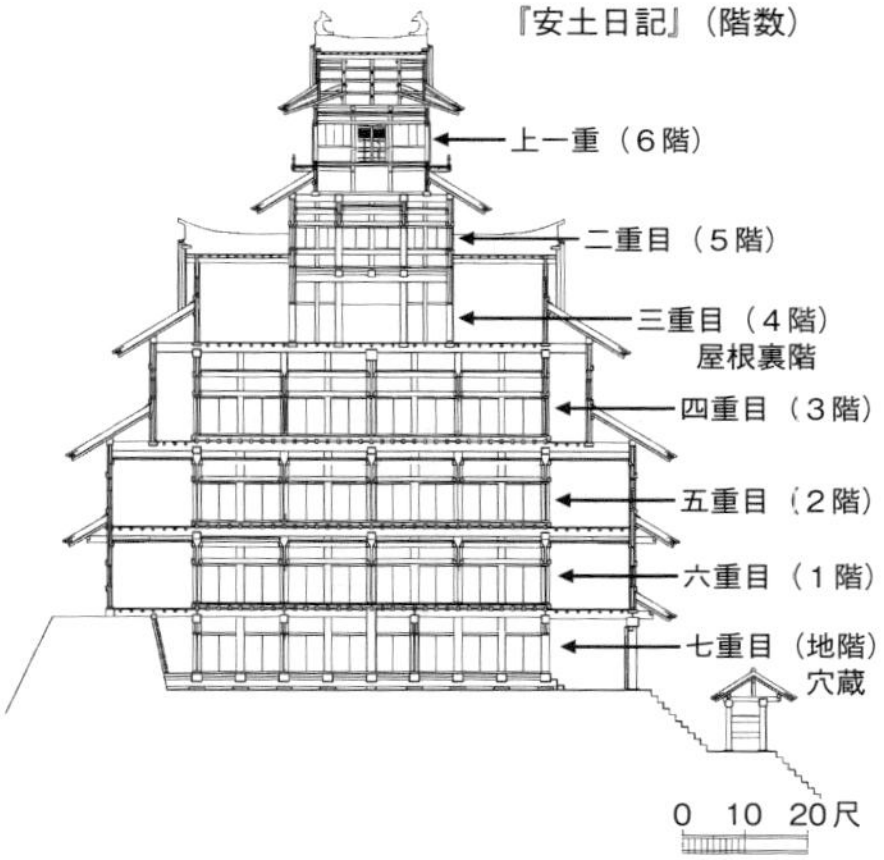

図5-15　安土城天主の復元東西断面図（監修：三浦正幸、復元：中村泰朗　2016）

六重目（一階）は、一二畳に梅の水墨画、内部の書院は遠寺晩鐘（中国の瀟湘《しょうしょう》八景の一つ）の景色で、前に盆山（箱庭や盆栽の上に自然の石や砂を用いてつくった山）が置かれていた。次の四畳に雉が子をいつくしむ情景、鳩が描かれた棚、鵞鳥が描かれた一二畳の鵞鳥の間、次の八畳には中国の儒学者達が描かれていた。ここから南に一二畳、八畳、東に一二畳、附属の縁側が六畳、次が三畳、その次の八畳続きの二間が配膳所、六畳の納戸、また六畳の部屋があり、襖絵がある部屋はすべて金色となる。北側に土蔵を設け、その次に二六畳敷の納戸、西に六畳、次に一七畳、また次に一〇畳、一二畳と続き、納戸は七つ設けられていた。この下に金灯籠が吊り下げてあった。

五重目（二階）は、一二畳の花鳥の間で、四畳の上段（御座の間）にも花鳥の襖絵が描かれる。次の賢人の間は八畳で、瓢簞《ひょうたん》から駒の故事（中国唐代の八仙の一人張果が瓢簞からロバを出した）を描く。東に八畳の麝香の間（ジャコウネコをモチーフにした絵か）、門（天主六蔵への入口）の上に一二畳の部屋、次の八畳には、李鉄拐（八仙の一人）が杖を投げ捨てる絵（投げ捨てた杖は龍になり、これに乗ったと言われる）、北の二〇畳には馬の牧場を描き、ここには殷の高宗の宰相で、高宗が聖人を得た夢によって土木工事に従事していたところを登用され、中興の業を完成したといわれる傅説《ふえつ》も描かれていた。次の一二畳には、西方の崑崙《こんろん》山上に住む、すべての女仙たちを統率し、不老長寿の仙桃を与えると言われた西王母を描く。その西側は絵が描かれていない。付設する縁側は広縁で二段になっていた。二四畳敷の納戸と、その入口に八畳の部屋がある。

四重目（三階）は、西に一二畳の岩の間があり、岩にさまざまな木々が描かれていた。西隣の八畳に竜虎相争う絵、南の一二畳にはさまざまな竹を描いた竹の間、次の一二畳には、色々な松だけが描かれている。東の八畳は桐に鳳凰を描き、次の八畳には許由巣父《きょゆうそうほ》の図（帝尭《ていぎょう》の国を譲るとの申し出を聞いたことに対し、許由が潁水《えいすい》で耳のけがれを洗い落としているのを見た巣父が、そのような汚れた水は牛にも飲ませられないとして牛を連れて帰ったという故事。栄貴を忌み嫌うことのたとえ）が描かれていた。次の七畳の小座敷は、絵はなく金泥のみとなる。北の一二畳には絵がなく、次の一二畳は、西側二間にのみ手毬の木が描かれていた。次の八畳は御鷹の間で、庭籠《にわこ》に鷹の子が飼ってある絵が描かれていた。

三重目（四階）は、小屋の段（屋根裏階）で、南北に四畳半の破風《はふ》入込間《いりこみま》（破風の内部に設けられた狭い部屋、あるいはスペース）があった。

二重目（五階）は、八角形を呈し室内の幅は四間ほどで、外側の柱は朱漆塗り、内側の柱はすべて金箔押しであった。仏画の釈迦説法図が描かれ、そこには座して説法する釈迦を中心に、周囲にこれを讃える釈迦十大弟子など多くの仏や菩薩などを配した構図となる（図5－16）。縁側には餓鬼や鬼が、縁の下の鰭板《はたいた》には

図5-16　復元された五階内部（安土城天主の館）

鯱《しゃち》や飛龍が描かれていた。高欄には擬宝珠《ぎぼし》が付いている。

上一重（六階）は、三間四方の広さで、内部はすべて金箔押しで、外側に欄干があった。柱は、金箔押し、窓や戸は鉄張りの黒漆塗りであった。四方に、三皇五帝（古代中国の神話伝説時代の八人の帝王で、理想の君主とされた）、孔門十哲（孔子の弟子の中でももっともすぐれた一〇人）、商山四皓《しこう》（中国秦代末期、乱世を避けて陝西省商山に入った東園公・綺里季・夏黄公・甪里《ろくり》の四人の隠士。みな鬚眉《しゅび》が皓白の老人であった）、竹林の七賢（晋の時代に世俗を避けて竹林に集まり、酒を飲み琴を奏でて清談を行ったという七人の賢者）という儒教画を狩野永徳に描かせた。

本文になく、行間補記に書かれた内容では、上り龍と下り龍の彫刻が施され、天井には天女を描く。窓の数は六〇ヵ所ほど。火打ち金と宝鐸《ほうちやく》（風鐸《ふうたく》）が吊り下げられていた。画題の追記は、南に伏羲《ふくぎ》・神農・黄帝（三皇五帝の内の三皇）、西に文王（岐山の麓より周王朝を起こした始祖王）と老子（古代中国の哲学者で道教創案の中心人物）、北に太公望（周王朝の建国伝説の名将）、東に孔子と七賢とあり、本文と西と北が異なる。

全体的に、一～三階までは花鳥や木々、漢画を中心とするさまざまな情景と儒教や道教を題材にしたものが多い。

五階が仏画、最上階は中国史上の偉大な君主や聖人が中心となる。対面所は一階にあり、大方の人々は漢画を中心とするさまざまな情景や風景画を目にするのみであった。

五〜六階の仏画や君主・聖人は、信長個人のために描かれたもので、特別な人以外が目にすることはなかったはずである。中国の偉大な君主に匹敵する国を築き上げ、最終的には釈迦のように崇められる存在となることを思い、描かせたのであろうか。それとも、単に鑑賞目的で、屏風絵は借景でしかなかったのかもしれない。常人には計り知れない信長の美的センスの表現、それこそが安土城障壁画なのである。

信長の描かせた障壁画は、秀吉、家康に引き継がれ、特に狩野派は、あらゆるジャンルの絵画を手掛ける職業画家集団として、日本美術界に多大な影響をおよぼすことになる。

安土城を築いた工人集団

安土築城に携わった工人のうち、名前が判明しているのは、金具師の後藤平四郎（光乗）、躰阿弥《たいあみ》永勝、大工頭岡部又右衛門、塗師《ぬし》刑部《ぎょうぶ》、銀細工師宮西遊左衛門である。

後藤光乗は、後に信長や秀吉の刀剣装身具、秀吉の大判鋳造の御用達を務めることになる。その後、家康に仕え、大判の鋳造と墨判および両替屋の分銅の鋳造を請負っている。

躰阿弥永勝は、宮廷関係金工師であるが、その後の状況ははっきりしない。

岡部又右衛門は、熱田神宮の宮大工の棟梁で、室町将軍家の修理亮《しゅりのすけ》を務めた家柄とされる。信長の命で、大型軍船を建造、信長の熱田神宮造営に被官大工として参加。信長の死後は、信雄に仕えている。

塗師刑部、銀細工師宮西遊左衛門については、安土築城以後の様子が判明しない。名前が判明しないが、安土城造営に携わった職人集団は数え切れないほど存在していた。『信長公記』によれば、〈京都・奈良・堺の大工・諸職人等召寄せられ〉とあり、京都、奈良、堺に在住する大工、諸職人を招集したことがわかる。氏名が判明する職人は、朝廷や幕府関係の仕事に従事しており、その他氏名が判明しない職人たちも京都、奈良、堺とあることから、寺社関係や有力商人に関わる仕事に従事していたと思われる。名前のない職人集団、石工集団や、金山衆、木地屋、鍛冶などは、職人集団の中でも、下位扱いであった。事実、瓦職人については、〈瓦、唐人の一観に仰付られ、奈良衆焼き申すなり〉とあるだけで、その氏名は記されていない。

このように下位と見られていた工人集団は、この時期どのように統制されていたのであろうか。天正四年一一月一一日付で手工業者を統制した信長の朱印状を見ておきたい。そこには、〈杣《そま》大鋸引のうち今年度に勤労奉仕するものは、杣の大鋸引を勤める。鍛冶は国内の「諸畑」から鍛冶炭を徴収できる。桶結・屋葺・畳指をふくむ職人も近江国中の諸郡と甲賀郡の棟別・臨時の段銭・人夫礼銭・礼米・地下並以下をすべて免除し、国役としての作事を負担〉するとあり、これらの工人達は、信長の統制下にあったことが判明する。

また、天正一一年八月五日付で羽柴秀吉は近江国内の職人、鍛冶番匠・大鋸引・屋根葺・畳指・銀屋・塗師・桶結いに対し先例によって諸役を免除する判物《はんもつ》を発している。諸役免除によって、国内に職人を留め、または他国からの流入を促したとも言えよう。組織化こそしないものの、常に国内に工人集団を抱えて置くことこそが重要であった。

安土城は、こうした旧来の伝統的な技術を把握している職人集団による共同作業によって完成を見た。漆と金という、我国が誇る伝統的素材を惜しみなく使用するだけでなく、あらゆる技術を駆使し、内外ともに贅を尽くした芸術作品ができ上がったのである。ここに城は、軍事的目的を持つだけの施設ではなく、政治的、文化的施設として完成を見た。軍事一辺倒で、無粋極まりなかった城は、安土城の完成によってこの時代を代表する芸術作品として生まれ変わった。信長は、旧来の伝統的な秩序を破壊し、新しい秩序を築き上げたと言われたりするが、安土城の建築を見る限り、伝統的技術者集団を再編成し、巧みに使い分けていた。安土城は、かつてないほどの規模であり、当時の技術力の粋を集めて造り上げたもので、その仕事量は膨大なものであった。

従来の秩序が崩壊し、収拾がつかなくなった戦国の世で、伝統的な技術を保持する朝廷・将軍御用達の職人集団や、貴族・寺社から直接支配を受けていた職人集団は、純粋に商業上の利権を求める集団に変化し、求めに応じさまざまな場所で仕事を請け負っていた。朝廷・貴族・寺社の支配を受ける関係が、失われてしまったのである。信長は、これらの職人集団を一堂に集め掌握し、信長直属の工人集団として把握していく。

織田政権に限らず、領国の拡大や築城の増加によって、技術者集団の把握は各地の戦国大名にとって急務となった。当然のことであるが、領国内に居住する職人たちを支配下に置くこと、そのために諸役免除を与え、他所から有利な条件で優秀な技術を持った職人の招致を行ったのであろう。職人集団を束ねる棟梁たるべき職人は、家臣として召し抱えるか、あるいは知行を与えることで、その支配下に留め置いた。

安土築城というプロジェクトは、伝統的な工芸技術だけにとどまらず土木技術の再編をもうながし、城郭技術者集団として再編再生させるきっかけとなった。こうした集団は、後に江戸幕府や大名お抱えの技術者集団へと発展していく。信長こそ、我国の伝統的技術を再生させ、次世代へと発展継承させた中興の祖なのである。

「蛇石」はどこに

『信長公記』に、〈大石を撰取り、小石を選退けられ、爰に津田坊、大石御山の麓迄寄せられ候といへども、蛇石と云ふ名石にて勝たる大石に候間、一切に御山へ上らず候。然る間、羽柴筑前・滝川左近・惟住五郎左衛門三人として助勢一万余の人数を以て、夜日三日に上せられ候。信長公御巧を以て輙《たやす》く御天主へ上させられ、昼夜山も谷も動くばかりに候キ〉と記された「蛇石」が、現在の安土城内で確認できない。この蛇石は安土山以外の場所から織田（津田）信澄によって安土山の麓まで運んでこられたと記され、さらに、「蛇石と云ふ名石にて」ともともと「蛇石」と名づけられていた、由来を持つ有名な巨石であったことがわかる。

フロイスの記録の〈もっとも高い建物へ運び上げるのに四、五千人を必要とする石も数個あり、特別の一つ（の石）は、六、七千人が引いた。そして人々が確言したところによれば、一度少し片側へ滑り出た時に、その下で百五十人以上が下敷きとなり、ただちに圧し潰（され）、砕かれてしまったということであった〉というのが、蛇石のことと思われる。

両記録に同様な内容が記されていることから、築城に当たってかなり印象的な出来事だったことがわかる。一万余人で運び上げた巨石の大きさとはどの位であろうか。二トンほどの石材を平地で運ぶためには、一〇〇人の人力が必要とされる。これを山上に引き上げるには、二倍から三倍の人員を要することになる。一万人余で運んだとなれば、おおよそ一〇〇トン近い巨石ということになる。石材にもよろうが、一面がおおよそ四メートル四方、立方体は考えにくいので、六×四×二メートルほどの規模になろうか。

図5-17　二ノ丸東溜りの伝「蛇石」

ところが現在、二ノ丸東溜りにある伝「蛇石」（図5―17）は、二×三㍍で高さは一㍍ほどでしかない。つまり、伝「蛇石」は本物ではなく、記録に見られる「蛇石」は杳《よう》として行方がわからないままなのである。『信長公記』では、〈御天主へ上させられ〉とあり、フロイスは〈もっとも高い建物へ〉と記す。両者ともに安土城でもっとも高い位置に上げたとあるため、主要部のどこかに使用されていることは確実である。

では、信長はなぜ「蛇石」をわざわざ運ばせたのであろうか。

それは利用価値があったからに他ならない。その利用方法は三点考えられる。

一つめは鏡石で、二つめは庭石である。だが、これらに利用されていたなら、現在も確認できるはずだが、主要部周辺のどこにも見当たらない。最後の三つめが、鎮め石とすることである。小牧山城の花崗岩巨石もまた、この鎮め石であったと考えられる。鎮め石とは、「国家や世の中の乱れや混乱を鎮める為の石」とでも考えれば良いのであろうが、狭義で考えれば「安土城を守るための石」という理解でも良いのかも知れない。地上で確認できない以上、鎮め石として主要部の地下に埋められたと考えるしかあるまい。通常なら、天主の地下に埋めるはずである。

安土城主要部については、普請の様子を探るため、平成一四年度に物理的遺構探査（地下レーダー探査・電気探査）が実施されている。天主台・伝名坂邸跡（三ノ丸）・本丸取付台などで実施され、本丸を囲む諸郭が、地山《じやま》である基盤層を基盤としていることや、天主台が自然の岩盤層を利用し、天主の重量に耐えうる造成を行っていることが判明した。仮に地下に巨石等が埋められていれば、この物理的遺構探査によって、確実に存在が特定されたはずであるが、それを見つけることはできなかった。従って、現在の天主台、本丸、三ノ丸、本丸取付台の地下に「蛇石」は存在していないことになる。

残された場所は、「御幸の御間」が存在したと考えられる本丸御殿の地下でしかない。現在の「信長廟」のある伝二ノ丸地下に埋められていた可能性がもっとも高い。前述のように、秀吉は普段信長が生活していた場所であったがために廟所を建設したのである。また、織田家を簒奪した秀吉が、蛇石の上に廟所を建立することにより、信長の魂を鎮めようとしたというのは、穿った考えであろうか。

城郭専用瓦の成立

日本に瓦造りの技術が伝わったのは六世紀半ばのことで、仏教伝来とほぼ同時である。当初の瓦は寺院の屋根を葺くためだけのものであったが、やがて宮都や官衙《かんが》等国家施設にも瓦は使用されていく。この間、瓦の生産は常に国の管理下にあった。その後、律令体制の崩壊により、国の力は陰りを見せていく。瓦造りの技術者たちは、強固な地盤を固める寺社勢力の下へと組み込まれていった。

安土城の屋根は、かつて見たこともない輝く瓦で覆われていた。城郭専用瓦で葺かれた初めての城の出現である。安土城以前にも瓦葺城郭は存在していたが、それらは単に寺院の瓦を転用したにすぎない。松永久秀のみ、松永専用瓦を使用しているが、これは奈良を支配する特異な事例である。寺院の瓦と同様に、松永専用として発注しただけで、瓦そのものは寺院の瓦と何ら変わるものではなかった。

城郭専用瓦という特別な目的を持って使用されたのは、安土城が初めてのケースになる。安土城の瓦には、さまざまな規制がかけられていた。この許認可とでも言うべき付加価値を持たせたことによって、その後、瓦葺城郭が全国に普及していく。この付加価値こそが、中世から近世への変化であり、城郭専用瓦の成立として理解される。

それでは、安土城の瓦とはどのようなものであったのだろうか。『信長公記』には、

〈瓦、唐人の一観に仰付られ、奈良衆焼き申すなり〉と記され、『安土日記』には、〈瓦ハ唐様に唐人之一官ニ被仰付被焼候　瓦奉行　小川孫一郎　堀田佐内《ママ》　青山助一也〉とある。両記録ともに唐人一観（一官）に命じたことが記され、彼が瓦製作において大きな役割を担っていたことがわかる。

しかし、一観の出自およびその後の消息はわかっていない。直接瓦を焼いた技術者集団は寺院専属の瓦職人「奈良衆」で、信長は、寺院の瓦とは異なる「安土城のための特別な瓦」を造らせたのである。実際どのような瓦であったかは、出土品からほぼ判明する。

① 安土城のためにデザインされた新しい文様を持つ瓦
② 過去に焼かれたどの瓦より高火度で焼かれた硬質な瓦
③ 一つ一つが磨きあげられたような丁寧な瓦
④ 凹面に黒漆を接着剤として金箔を貼った瓦（すべてではない）

軒に使用された瓦の文様は三つ巴紋であったが、特別な部位（鳥衾《とりぶすま》、鬼瓦当）は、桐紋や菊紋も使用された。また、鯱やさまざまな飾り瓦も出土し、屋根全体が極めて華美に造られていたことを示す。瓦は黒と赤の二種類であるが、赤は本能寺の変後の炎上による二次焼成を受けたもので、当初から赤く見せるために焼かれた瓦ではない。現時点で、中国や朝鮮に見られるいわゆる大陸性の赤瓦の出土は見られない。だが、南化玄興は「朱甍日辺ニ輝ク」と赤瓦の存在を推定させる記録を残す。安土城の赤瓦については、今後の大きな課題の一つということになろう。

安土城の瓦最大の特徴は、瓦当部に金箔が貼られていたことで、我が国初の金箔軒瓦を葺いた城の誕生である。宣教師ルイス・フロイスはこう記す。

〈最上層はすべて金色となっている。この天守は、他のすべての邸宅と同様に、我らがヨーロッパで知るかぎりのもっとも堅牢で華美な瓦で掩《おお》われている。それらは青色のように見え、前列（の瓦）にはことごとく金色の丸い取付け（頭）がある。屋根にはしごく気品のある技巧をこらした形をした雄大な怪人面（鬼瓦）が置かれている〉

金箔が確認される瓦は、軒丸瓦、軒平瓦、鳥衾、留蓋《とめぶた》瓦類、鬼瓦類、飾り瓦類になる。軒丸瓦、軒平瓦（図5－18）は、凹面に金箔が、その他の瓦は基本的に文様凸部に金箔が施されていた。金箔が貼られていない瓦も、安土城のために造られた新生の文様を持つ安土城専用の瓦であった。

信長の金箔瓦使用が、安土城に始まるか、それ以前の岐阜城に始まるかは、大きな問題である。少なくとも、軒を飾る軒丸瓦・軒平瓦については、安土城以前の瓦を認めることができない。岐阜城出土の棟飾り瓦については、信長段階に遡る可能性もあるが、フロイスを含めた各種記録に「金箔瓦」についての記載が一切認められないことや瓦の文様や形態的特徴からも、信忠段階とするのが妥当である。

　安土城の瓦には、規制が存在していた。フロイスは、〈金（の飾り）こそ持たなかったが、信長が彼の城に用いたのと同じ瓦の使用を、特別な恩典として、我らの修道院に許可したことは、他のいかなる者も［我らの教会を別として］瓦で（屋根）を掩うことを許さなかったので〉と、安土城と同じ瓦の使用は、誰にも許さなかったことを記録する。

図5-18　復元された金箔瓦（安土城天主の館）

　ところが、この安土城の金箔瓦と、同じ瓦を使用する城が存在する。

　金箔瓦は嫡男信忠の岐阜城、次男信雄の松ヶ島城、三男信孝の神戸《かんべ》城で、同じ瓦（同笵）は次男信雄の松ヶ島城、甥信澄の大溝城で確認されている。大溝城の場合、同笵瓦は認められるが、金箔は施されてはいない（最近の水口《みなくち》岡山城の発掘調査で、漆が付着する軒瓦が出土しており、これが大溝城からの搬入品かどうかが注目される）。少なくとも、一門衆には安土城と同様の金箔瓦あるいは同笵瓦の使用が認められていたのである。

現時点で、弟信包《のぶかね》の居城・安濃津《あのつ》城（津城／三重県津市）の瓦が未発見であるため、より詳しい規制が判明しない。『信長公記』の記載では、一門衆を列記する場合、例外なく一に信忠、二に信雄、三に信包、四に信孝、五に信澄となっている。従って、安土城完成後に信包の居城となった津城の瓦に金箔があるかないかはかなり重要なポイントとなろう。

津城の詳しい状況が、今後判明すればさらに克明な規制が判明するが、現時点では、金箔瓦は子息まで、同笵瓦は一門までの使用を許可していた状況である。従って、フロイスの言う「特別な瓦」とは、「織田一門衆以外は、他のどんな大名・武将にも使用を許さなかった瓦」になる。

天正四年（一五七六）一月に安土築城は開始され、信長は、天正七年五月に天主へ居を移している。『信長公記』には、〈五月十一日、吉日に付いて、信長御天主へ御移徙《おんわたまし》〉とある。おそらく、この時点で主要部（黒金門より内部）がほぼ完成。天主を含め、最も工人や人夫を必要とする中心的な工事がほぼ終了したと考えられる。

天正六年に築城工事を開始した甥信澄の居城・大溝城（滋賀県高島市）から安土城同笵瓦が

出土する理由は、大きく二つしか考えられない。一つめは、信長直属工人の派遣、あるいは版木や瓦製作指導者の派遣である。二つめは、安土城専用瓦の余剰品の運搬使用である。

大溝城に次いで同笵瓦が認められるのが、次男信雄が天正八年に築城した松ヶ島城（三重県松阪市）になる。これらの状況から、天正六年前後を境に安土城主要部の築城が一段落し、瓦工人に余裕が出てきたと考えたい。そのため、大溝城、松ヶ島城で、安土城同笵瓦の使用が認められるのである。

松ヶ島城とほぼ同時に、築城工事が開始された三男信孝の居城・神戸城（三重県鈴鹿市）からは、同笵瓦は確認されていない。正式な発掘調査も実施されていないため、今後の調査結果等を待つしかないが、ここからどのような瓦が確認されるか非常に興味深い。

ただ、嫡男である信忠の居城・岐阜城からは、現時点で安土城と同笵の瓦は認められない。天正三年一一月、信忠は、秋田城介に補任され、織田家の家督を譲り受ける。これにより信忠は、名実ともに織田一門と家臣の上に立つ地位を得ている。本来なら、後継者である信忠こそ、安土城と同じ瓦の使用が認められていいはずである。

岐阜城で確認されない理由は何なのであろうか。

翌年、安土築城工事が始まると、信忠にその様子を何度も見物させていることから、信長の後継者たる地位を確実にした信忠に対し、安土城同様の金箔瓦の使用と天守構築を許したことは間違いない。その時期はおそらく、天正五年の従三位左近衛中将叙任以降のことと思われる。

安土城は、天下人信長の居城であって、織田宗家の居城ではない。あくまで織田宗家の居城は岐阜城である。信忠は、織田惣領家嫡男であるため、織田家が掌握する工人集団を組織していた可能性は高い。その工人集団で金箔瓦を造らせたのである。岐阜城山麓居館で出土した金箔棟飾り瓦は、この時期とするのが妥当と思えてならない。その文様や形態的特徴から、安土城に先行するとは思えない。信忠は、従来の尾張・美濃の工人を利用して岐阜城の金箔化を推し進めたのである。本能寺の変後に改修された清須城と岐阜城の瓦に共通項が認められるのは、新たに尾張・美濃を得た次男・信雄が、そのまま信忠の工人を引き継いだためとも考えられよう。信忠の岐阜城改修が成ったことにより、同六年信雄・信澄への使用許可があったと思われる。

織田政権では、あとで詳述するように新規築城の許認可が大きな柱として存在し、次いで天守構築の有無、瓦使用の規制というように、かなり細かな縛りが設けられていた。天守を築くこと、信長と同一の瓦を使用すること等が織田政権での地位を現す行為だったのである。

信長の後継者となった秀吉は、さっそく大坂城に金箔瓦を採用、以後己が居城すべてに金箔瓦を使用していく。信長配下であった秀吉が、願ってもかなわなかった「信長と同じ金箔瓦の城」が実現したのである。燦然と金箔に輝く城こそが、覇者に許された特別な城であったことを裏付ける。

日本初の「全山総石垣」

安土城はまた、全山総石垣で築かれた我が国初の城で、その石垣は従来、漠然と穴太《あのう》衆が積んだ「穴太積」と称されてきた。しかし、発掘調査で検出された石垣は、あまりに統一性に欠ける石垣で同一集団が積んだとは思えない。なぜ、あれほど多くのバラエティが存在するのであろうか。まず安土城全体の石垣の特徴を見ておきたい。

石垣は、主要部（天主台・本丸・伝二ノ丸・伝三ノ丸）を中心として、それに至るルート上（大手道、百々橋口、七曲口、搦手道）を石垣で固めた構造で、石垣のほとんどはこの周辺に集中する。

安土城は、一〇メートル以上の高石垣で囲まれたイメージが強いが、実は石垣の約七割が一間（一・八メートル）以下の高さでしかない。三間（五・四メートル）以上の高石垣は、全体の約三％に過ぎず、ほぼ主要部周辺を囲む位置に集中し、台所郭の一四メートルがもっとも高い石垣になる。その長さは、最長が馬場平北側の約三三間（六〇メートル）で、全体の約半分が三〜四間（五・四〜

図5-19　天主台南面石垣

七・二（メートル）の石垣である。

勾配は、直線的で反りは見られず、九〇度から四五度以下まで確認され、約七割が七〇度ほど以上ときつい勾配である。石垣隅角の形状は、二面が接合した時外側に凸状に出っ張った出隅、反対に内側に凹む入隅、地山や石垣等へのすり付けが見られる。全体の約四分の一ともっとも多いのが、片側が出隅で反対側の角が地山等へすり付く形である。長辺と短辺を交互に積み上げる「算木積」は発展途上で、主要部と旧摠見寺周辺の石垣に集中するが、全域にも点在はする。石垣の隅角が直角ではなく、鈍角となる「しのぎ積」は、主郭部外周に多い。

石垣の積み方は、全体の九割強が自然石を積み上げた、いわゆる「野面積」となる。石材同士の隙間を埋める間詰めは、小型の自然石を利用し、比較的丁寧である（図5－19）。石材の九割以上が湖東流紋岩で、さらにその大半が安土山で産出する石材を使用。『信長公記』には、「安土山の大石で、石垣を築き始めた」「観音寺山・長命寺山・長光寺山（近江八幡市）・伊庭山（東近江市）など、諸所の大石を引き下ろし、これを一〇〇〇人とか二〇〇〇人、あるいは三〇〇〇人がかりで安土山に引き上げた」と記録される。重要な箇所に、見せるための巨石を配置する例も見られるほか、全体的に五輪塔や宝篋印塔《ほうきょういん》等の転用石もかなり使用されている。

近江には従来、在地系の寺社勢力と結びついた石工集団が居たことは確実で、金剛輪寺の寺普請を担当する集団と考えられている西座衆《にしくら》が文献記録に見られる。観音寺城の石垣は、金剛輪寺の石工集団が関与した可能性が高い。また、小谷城や鎌刃城《かまは》には、明らかに観音寺城とは異なる石垣が残り、異なる石垣工人集団の存在が判明する。

信長自身も、小牧山城、岐阜城で巨石を積み上げた石垣と、岐阜城山上部のように階段状に積み上げた二種類の石垣を使用してきた。また、上洛を果たすと将軍足利義昭のための二条城でも石垣を構築している。

安土城の普請は、〈尾・濃・勢・三・越州、若州・畿内の諸侍〉と『信長公記』に記されているように、各国の技術者を結集し築かれた。石工集団は数が少ないため、各国から招聘されそれぞれが持てる技術を駆使して、石垣を構築したと思われる。

安土城の石垣の最大の特徴は、石垣上に構築物が築かれることを前提として積まれていることに尽きる。そのため、石垣上に構築物を築くことが可能なら、その形状は問わなかったのではないだろうか。主要部については、そこに高さを求めたのである。

従来、安土城の石垣は「穴太衆」が積んだと言われてきたが、観音寺城と同様の石垣は存在せず、矢穴も認められない。また、近江国内で同様の石垣も見ることはできず、近江の石工を使用したとする記録も見られない。近江には、坂本里坊や百済寺、金剛輪寺の石垣造成に携わった石工集団が存在したことは確実で、近江一円を支配下においた信長が、安土築城に際し動員しなかったとは思えない。小牧山城、岐阜城の巨石石垣が安土では確認できない。この技術をもつ工人集団が徴用されなかったのか、あるいは新たな積み方を指示されたがために、その特徴が見えないのかははっきりしない。

だが、安土城の石垣が後の石垣構築のルーツであることは確実で、この後試行錯誤を繰り返しつつ近世城郭へと受け継がれていく。

安土城を完成させた最大の技術革新は、本格的な石垣の築造に尽きる。従来の石垣は、あくまで土留めが主目的で、石垣上に建物が建つことは想定されていない。しかし、安土築城で、初めて石垣上に建つ建物が出現した。その技術を可能にしたのが、さまざまな技術を持つ石工集団を統一的に再編成し、新たな規格による石垣構築を命じたことであった。

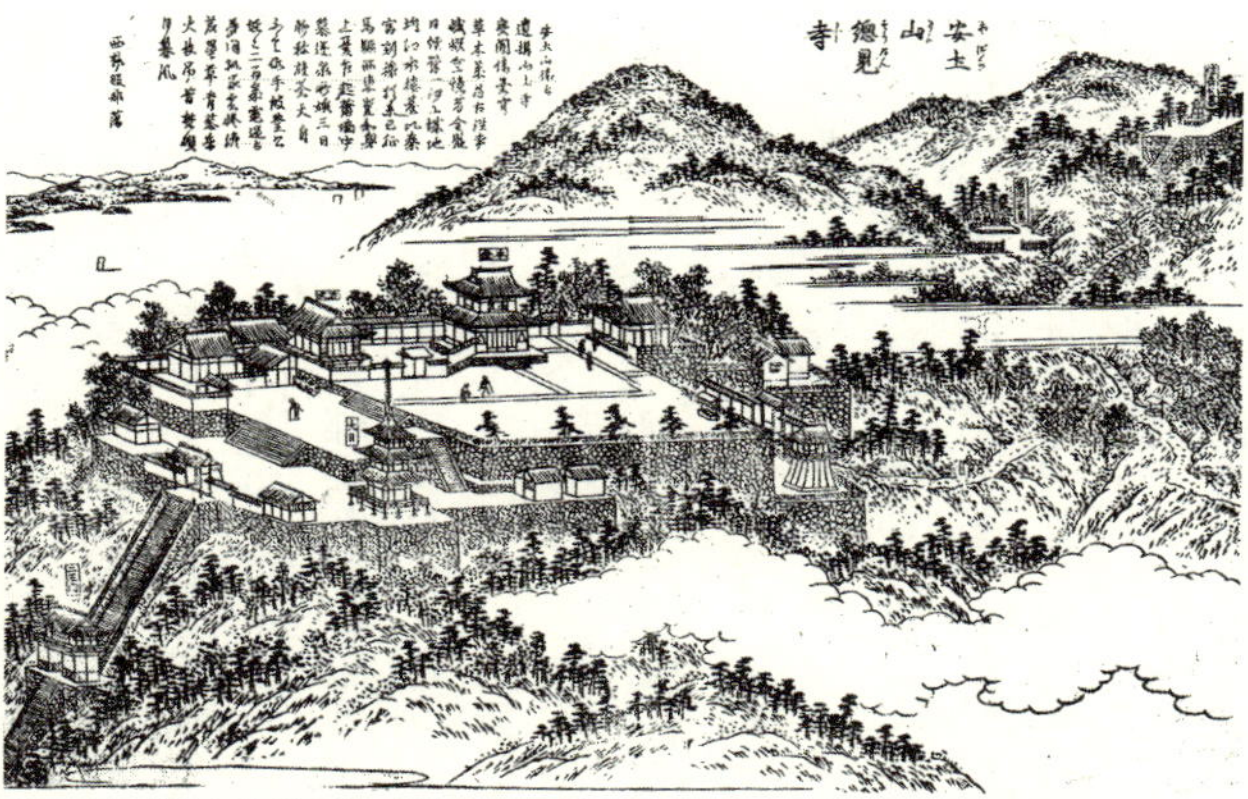

図5-20　「近江名所図会 巻之四」に描かれた摠見寺（国立国会図書館蔵）

信長と摠見寺

安土城本丸の南西の峰に位置する城内寺院・摠見寺（図5－20）にも触れておきたい。

摠見寺は、信長自身を祭るために築かれたと言われる。安土城の正面口である百々橋口から本丸へ向かうためには、必ずこの寺院内を通る必要があった。そのため、正面通路を扼《やく》する軍事的機能も指摘される。本能寺の変後の安土城炎上に際して類焼を免れ、その後豊臣秀吉や江戸幕府の庇護を受けている。だが、嘉永七年（一八五四）の失火で仁王門と三重塔を残し多くが焼失した。

信長時代の摠見寺については、資料が少なく不明な点が多い。寺の開基は、織田氏の一族の岩倉城主織田信安（尾張上四郡を支配した織田伊勢守家〈岩倉織田氏〉の当主。織田弾正忠家とは別流）の三男で禅僧の正仲剛可とされているが、「安土山摠見寺旧記写」(摠見寺文書)によれば、信長時代の住職は尭照法印で、小牧在城時に屋敷を拝領し、信長に伴って安土に移り住んだという。尭照は、真言宗の僧侶と言われ、当初の摠見寺は真言宗の寺院ということになる。

現存する仁王門と三重塔の棟札の記載から、摠見寺の建物は信長によって新築されたものではなく、甲賀郡よりの移築と判明する。

信長は、近江国内に存在した寺院から、本堂や塔などを解体移築し、摠見寺伽藍を完成させた。三重塔は、その礎石配置や寺伝等から、長寿寺(滋賀県湖南市)からの移築が確実視され、本堂も長寿寺本堂と礎石配置が酷似し、明らかに天台密教系の建物と見られる。発掘調査により、創建当初の建物は、本堂・拝殿・鎮守社・三重塔と、『信長公記』に見られる能舞台・桟敷を含めた規模が指摘されている。

『信長公記』天正九年(一五八一)七月一五日の条に、〈惣見寺に挑灯《ちやうちん》余多つらせられ〉という記載が見られ、この時点ですでに完成していたことになる。城内における位置や構造からも、天正四年当初からの計画によったもので、中途の建立は考えにくい。

城内に勧進社や鎮守堂を建立する例はこれまでにも多く、上杉謙信の春日山城には、毘《び》沙門《しやもん》堂と護摩堂が置かれていた。また毛利氏の居城・吉田郡山城では、入部前からあった満願寺をそのまま城内に取り込んでいる。信長が、なぜ城内に伽藍を持つ寺院を建立したかはわかっていない。菩提寺や祈願寺であったとするのが、もっとも妥当な考えになろう。だが、フロイスの記録には、信長自身を祭神とし、誕生日を聖なる日として、諸国に参拝・崇拝することを命じたとされている。摠見寺を参拝することで金運は上昇し、子宝に恵まれ、子孫は繁栄し、健康で長生きできるとされたという。摠見寺に神体はなく、信長は自らが神体であると公言していたともいう。その後、信長への礼拝が仏像に劣ることのないように、盆山と呼ばれる一個の石を神体としたという。

このフロイスの記録が真実ならば、信長は自ら神として崇拝されることを望んだことになる。しかし、この記録は、信長死後に書かれたもので、本能寺における非業の死を前提にしたものであった。従って、横死の原因をフロイスなりに解釈した可能性が高い。摠見寺の神体を信長とする記録はこれが唯一である。

では摠見寺はなぜ建立されたのであろうか。現在の感覚からは、安土山全体を城内と考え、城内寺院としているが、仮に、誰でも参詣自由な寺院であり、常に開放されていたとするなら、城内寺院という考え方は根底から覆る。通常の城下町に位置する寺院と同じで、ただ安土城の尾根続きにある寺に過ぎないことになる。

近世城郭の城下町には「寺町」が存在し、城下防衛の一翼を担っていた。信長もまた、菩提寺や祈願寺としての機能を持たせつつ、城の西方防御の要としようとしたのであろう。発掘調査により、百々橋口道のルート沿いには、大手道のように両側に屋敷地は展開しておらず、わずかに仁王門より山裾側に、郭状遺構が認められたに過ぎない。従って、西方最前線が摠見寺ということになり、何らかの防御機能を持たせたとして問題はない。

しかし、城内寺院として考えるとどうか。信長は、宗教勢力と徹底抗戦を続け、皆殺しにし、殲滅《せんめつ》を繰り返した。世俗化した宗教ほど始末に負えないことを知り尽くした信長は、自らの居城内に寺院を建立し、宗教を支配しようとしたことも想定の範囲ではある。宗教を統制管理すること、世俗から切り離すこと、統一後の宗教政策のための実践、それが摠見寺であったとも考えられる。

信長の死後、摠見寺は秀吉によって信長の菩提寺とされ、織田一族を住職とし手厚く保護されていった。伝徳川家康邸跡に残る仮本堂は、昭和八年の信長の三百五十回忌にあわせ大改修されたものである。最近、発掘調査結果の再検討が実施され、庫裏《くり》跡の下層遺構について、安土築城中の信長の御座所最有力地との見解が示されている。

安土城下の様相

『信長公記』天正四年の条に、安土城下の様子が記されている。以下要約してまとめてみると、西から北にかけては琵琶湖が漫々と広がり、舟の出入りが賑々しい。南には村々の田畑が平坦に続いている。東の観音寺山の麓には街道が通っていて、往来の人々が昼夜絶えることがない。安土山の南には入り江が広々と入り込み、山下には家々が並んでいる。四方の景色も町の賑わいもすべてが揃い、まさに花の都をそっくり移したかのようである。

安土築城が開始された翌五年、信長は一三ヵ条からなる「掟書」を安土城下町に出している。

第一条　安土城下における商工業の自由の保障（楽市楽座）
第二条　中山道を通る商人の安土への寄宿命令
第三条　普請役の免除
第四条　伝馬役の免除
第五～七条　火災および城下内での犯罪行為に対する罪状など
第八条　城下内での徳政免除（徳政令発布による貸し付け踏み倒しがないことを保証）
第九条　安土移住に対する待遇保障
第一〇条　喧嘩・口論、国質・所質、押し買い・押し売りの禁止
第一一条　譴責《けんせき》使、打入は届け出制とし許可を得ること
第一二条　家並役の免除

第一三条　近江国内の馬の取引は安土で行うこと

以上が一三条の要約である。

自由な商取引の保障、住民負担の免除、城下町での安全の保障と治安維持などを打ち出すことで、人々を城下町に集めようとしたのだ。また、不当な権力や暴力を許さない空間であることも強調し、これらのことを信長が保証する内容であった。信長は、自由で安寧な町を造り、そこに集まる人々を自らの権力の下に掌握しようとしたのである。

フロイスは、〈城がある一つの新しい都市を造築したが、それは当時、全日本でもっとも気品があり（中略）、建物の財産と住民の気高さにおいて、断然、他のあらゆる市《まち》を凌駕していた〉〈一見海のように大きく豊かな湖を（一方に）ひかえ、他方ではきわめて豊饒な米作地を多く有する平地に位置している〉と記している。

町の規模については、〈すでに市《まち》は一里の長さにおよび、住民の数は、話によれば六千を数えるという〉〈同山（安土山）の麓の平野に庶民と職人の街を築き、広く真直ぐに延びた街路（中略）を有する〉ともしている。

この記録通りとすると、城下町は四キロほどの長さに広がっており、真っ直ぐに延びた広い街路があり、庶民と職人が集住していたことになる。

江戸時代の絵図や、発掘調査成果、『信長公記』の記録等から、現在考えられている城下町の範囲は、北は内湖、南は常楽寺山、西は浄厳院とその西を流れる山本川、東は北腰越峠付近までである。東については、『信長公記』の天正九年正月の〈安土御構の北、松原町の西、海端へ付いて御馬場を築かせられ〉という記述から、滋賀県立近江風土記の丘資料館に勤めていた秋田裕毅氏は、松原町までとし、西端の浄厳院から御馬場までの街道沿いの距離がフロイスの記載の四キロになるとした。

これらの範囲に位置した城下町の中心は、百々橋口の西側に展開する新宮神社、活津彦《いくつ》根神社が所在する下豊浦《しもといら》地区と、常楽寺の所在する上豊浦であった。それぞれ、新宮神社から延びる直線道、また活津彦根神社からの直線道、そして常楽寺から延びる直線道が軸を異にして存在するため、町割の軸線が三方向に分かれている。これは、中世以前から安土に存在していた町割をそのまま利用して城下の町割を実施したためである。

不足する土地(屋敷地)については、埋め立てにより補塡していたことが各種記録に見られる。安土のセミナリヨ(イエズス会の初等教育機関)の建設地は、城山と市の間にある湖の小さな入り江を埋め立てて与えたことをフロイスが記しており、また『信長公記』天正八年閏三月の記載に馬廻衆・お小姓衆に入り江を埋め立てさせて町を造り、屋敷地を与えた、とも記録される。従来の街を取り込み、さらに埋め立てて新たな区画を追加していたことが判明する。

また、元禄時代の絵図（「江州蒲生郡豊浦村与須田村山論立会絵図」）には、下豊浦と上豊浦の境界付近に〈惣構どて〉との記載が確認され、別の古文書にも同様の記述が認められたため、ここに土手が存在したことが確実視されている。この位置が、城下町全体を囲む場所でないため、土手を境に内町（新たに築かれた街）と外町（古くからの街）の二元構造であったとか、城下が身分や階層によって居住エリアを二分していたためとか言われているが、そもそもこの〈惣構どて〉自体が、信長時代の物なのかもはっきりしていない。

このように、安土城下町については、その規模・範囲、構造、武家地と町人地との区別、商業地における職能集中等まだまだ解明されていない部分が多い。

ゼロから築いた小牧山城下では整然と区画分けがなされていたが、前居城である岐阜の街では、従来の区画を巧みに取り込み、そこに新たな街を付設した。安土城下が、城と同様の新機軸である必要もなく、岐阜同様な城下形成が実施されたとしても、問題はない。

安土城下町には、従前から豊浦港・常楽寺港という二つの主要な港が存在し、さらに無数の水路が縦横無尽に走っていた。これに、岐阜から安土城下を経由して京都に向かう下街道を合流させること、さらに中山道から城下町へと続くルートを整備することが実施され、至るところから安土城下町への通行が可能となった。したがって、従来の区画を破壊して新しい町割を築くことではなく、従来の集落を取り込み、そこに埋め立て等による新たな街と、新街道沿いの街を付設することで、水陸両面の交通の利便性を上げ一大商業拠点とするのが信長のねらいであったと思われる。優先されたのは、整然とした区画ではなく、喧噪や雑踏があろうとも、活気あふれる一大商業都市の発展だったのである。

フロイスの言う〈あらゆる市《まち》を凌駕〉する市を、信長の権力下に組み込み、掌握することこそを求めたのが安土城下町ではないのだろうか。

家臣の屋敷地

安土城の山腹から山麓にかけては、多くの屋敷が広がっているが、確実に居住者を特定することはできていない。

現在の伝羽柴秀吉邸(図5-21)のように、伝〇〇邸は、いずれも安土城最古の絵図である「近江国蒲生郡安土古城図」(「貞享古図」/貞享四年〈一六八七〉八月作)を元に、昭和八年(一九二九)の信長三百五十回忌に当てはめられたものである。従って、「貞享古図」にも表記のない「前田利家」などが、登場してしまった。また、「貞享古図」には「家康公」という屋敷地が表記されているが、天正一〇年の家康安土来訪時には〈御宿大宝坊然るべきの由上意にて〉と『信長公記』に記されていることから、安土に家康の屋敷がなかった

図5-21　整備された伝羽柴秀吉邸（上段部）

ことがわかる。このように、安土城の屋敷地についてはまったくはっきりしていない。

以下、宣教師たちの記録である。

〈山の周囲には、堅固な壁に囲まれ城のような大身家臣の屋敷がある〉（天正八年、パードレ、ジョアン・フランシスコの書簡）

「周囲には、高石垣の上に建てられた壮大で立派な大身家臣の屋敷が広がっている」（天正九年、パードレ、ロレンソ・メシアの書簡）

フロイスは、次のように記している。

〈市《まち》から距《へだ》たった湖の入江に沿った他の場所に、山麓を起点として、（信長）は領主や高貴な人たちの邸宅を築くことを命じた。皆は彼が欲することを行ないたいと願っていたので、彼に従う諸国の領主たちは、山の周囲とその上部を囲み、非常に立派な邸を築いた。それらの邸宅はすべて、入口と上部に監視所を備えた、ふつう約十五パルモ（約三メートル）以上の高さのよく築かれた石垣を有しており、個々の邸が頑丈で、手ごろな城を形成していた。このように山の周囲を諸邸宅が上部に向かって重なり合うように建てられており、それら（の邸宅）が山をさらに清澄に見栄えのする優美な眺望としている。遠方から車で運搬してくる石材を（集める）困難さからしても、それらが莫大な費用と手間を要したものであることが知れるのである〉
〈日々、多数の新しい邸宅と長い街路を建設させたが、もっとも立派で大いなる邸を建てた者ほど、多くの手柄をたてたことになった。羽柴筑前殿が建て始めた邸宅のごときは、礎石の費用だけでも七千ないし八千クルザードが集められたということである〉

　こうした記録から、上級家臣たちが安土山山腹や山麓部に屋敷を建てていたこと、手柄に応じて相応の屋敷地が与えられていたことがわかる。また、屋敷の建設費用は、各自が負担していたことも判明する。

　これらの屋敷は、三㍍以上の石垣に囲まれ、櫓門あるいは屋敷内に櫓を有し、極めて堅牢で一つの城のような体裁であった。まさに、発掘調査で確認された伝羽柴秀吉邸や伝前田利家邸そのものである。従って、大手道左右に展開する屋敷地は、上級家臣たちの屋敷地と見て間違いあるまい。

　では、安土山の中で、大手道沿い以外で家臣屋敷が展開していた場所を考えてみたい。前述の「貞享古図」では、蓮池に面した山腹、主要部の東下の段、西下とそこから延びる尾根筋上、主要部北側の八角平、七曲道沿い、摠見寺東下段に屋敷地が描かれている。これらの場所は、現状でも屋敷地造営が可能な平場が確認できるため、屋敷地の場所として問題は見当たらない。

「貞享古図」に見られる屋敷跡の主を挙げておく。

織田信忠（嫡男）
織田信澄（甥）
徳川家康（同盟者）
羽柴秀吉（旗頭）
武藤助左衛門（武藤助十郎か、武藤舜秀《きよひで》か？）
江藤加賀右衛門（？）
中条家忠（馬廻）
武井夕庵（奉行・右筆）
長谷川秀一（馬廻・側近）
福富秀勝（馬廻）
市橋九郎右（左）衛門（馬廻）

菅屋長頼（馬廻・奉行）
堀秀政（小姓・側近）
森蘭丸（小姓）

信忠、信澄、家康、秀吉の四名と不明の二名を除けば、いずれも馬廻・奉行・小姓である。『信長公記』にも、信長家臣の屋敷地についての記載が見られる。

天正四年二月、安土城に移った信長は、お馬廻衆に安土の山下にそれぞれ屋敷地を与え、各自の住居を建築するよう命じている。

天正六年一月、お弓衆の福田与一宅から出火、信長は妻子を本国に置いて安土に引き移らせていないのが原因とし、妻子同居の有無を調査。結果、お弓衆六〇人、お馬廻衆六〇人が妻子を連れていないことが判明したとしている。少なくとも、弓衆・馬廻衆一二〇人の城下屋敷の存在が判明するが、場所は書かれていない。

天正八年閏三月、安土城の南、新道の北に堀割を掘らせ、その土で田を埋め立て、伴天《バテ》連《レン》の屋敷地として与えた。同月、蒲生賢秀《かたひで》の家臣布施公保《きみやす》をお馬廻衆に加え、入り江を埋め立てて屋敷地を与える。お馬廻衆・お小姓衆に土木工事を命じ、鳥打の入り江を埋め立てて町を造り、西北の湖岸に船着き場を数ヵ所掘らせ、さらに入り江を埋め立て、それぞれに屋敷地を与えている。

この時、屋敷地を与えられたのは、稲葉刑部（馬廻）、高山右近（部隊指揮官）、日根野六郎左衛門（馬廻）、日根野弥次右衛門（馬廻）、日根野半左衛門（馬廻）、日根野勘右衛門（馬廻）、日根野五右衛門（馬廻）、水野直盛（馬廻）、中西権兵衛（馬廻・小姓か）、与語勝久（馬廻）、平松助十郎（馬廻か）、野々村主水《もんど》（馬廻）、川尻秀隆（部隊指揮官）で、お馬廻衆だけでなく、部隊指揮官クラスにも屋敷地が与えられた。

五月、安土に来た信忠、信雄に屋敷普請を指示。同月、江堀・舟入・道築の普請が完成とある。

天正九年一〇月二〇日から、伴天連の住居を北と南の二ヵ所、新町と鳥打に建てるとし、沼地を埋め立て屋敷を築かせた。

これらのことから、安土城下の屋敷は、天正四年から九年頃にかけて、徐々に整備されていったことが判明する。天正四年時点では、信長側近の馬廻衆・小姓などには、安土の山下に屋敷地が与えられている。この山下がどこをさすかははっきりしないが、城の正面口である百々橋口の北側山麓部の可能性が高い。

天正六年の時点で、弓衆・馬廻衆一二〇人以上の屋敷地が営まれていたことは前述の通りである。天正八年閏三月、伴天連に与えた土地は、城の南、新道の北付近で、現在の新町周辺であろう。フロイスの記録では、信長は伴天連の地所が狭いからと、付近にあった身分のある家臣の屋敷四、五軒を除去して与えたとしていることから、この付近には身分の高い武将の屋敷が広がっていたこともわかる。場所的に見ても、百々橋口の南であるため側近衆の屋敷地の可能性もあろう。

同年同月にはすでに屋敷地が不足していたらしく、新たな馬廻には入り江を埋め立てて与えている。また、鳥打の入り江を埋め立てたり、西北湖の口を埋め立てたりして、屋敷地を造成して対応している。この年に屋敷地を与えられているのは、馬廻や部隊指揮官クラスであった。その場所は、百々橋口から約二キロ南東の鳥打峠北山麓の上豊浦・宮津地区と、百々橋口の北西内湖に面した大須田地区である。

上級家臣たちの諸邸宅が、安土山の山腹や山麓部に上部に向かって重なり合うように建てられており、手柄に応じて相応の屋敷地が与えられていたとフロイスが記録したのは、天正九年のことで、この時点で山腹や山麓部に屋敷地が完成していたことになる。一門衆筆頭および次席の信忠、信雄に屋敷普請の指示を出したのが天正八年のことで、前年に主要部が完成を見、天主に信長が移り住んでいる。また、伊庭山へ鷹狩りに来た信長の鼻先へ、工事のため引き下ろしていた大石を丹羽氏勝の家臣が誤って落とし叱責されたのもこの年のことである。

このことから、大手道周辺の屋敷地の工事が、天正八年に開始され、九年にほぼ完成したと考えられよう。信忠、信雄、信孝、信包、信澄、柴田勝家、丹羽長秀、羽柴秀吉、明智光秀、滝川一益という一門衆と旗頭（方面師団長）たちの屋敷地は、ここに構えられた可能性が高い。石垣に囲まれ櫓門を持った城のような屋敷地はフロイスの記録を裏付けている。こう考えると、なぜ大手道が南に直線で存在し、最上段の屋敷地（伝武井夕庵邸）から突如、とって付けたような九十九折れの道となったかという疑問も氷解しよう。

信長と接見するための正式なルートは、百々橋口から黒金門へ入るルートで、この道は『信長公記』にも記録されている。大手道については、まったく記録にないのは、完成が天正九年であったためではないだろうか。幅広の直線道となったのは、本来この道が、安土城主要部建設のための工事用資材運搬道だったからに他ならない。下街道に面し、もっとも主要部までの距離が短く、しかも緩斜面でもある。天正四年に蛇石を引き上げるために幅広で直線のルートを作ったのが最初で、以後主要部の石曳き道・工事用資材運搬道として使用され、主要部の完成を以て、上級屋敷地への往来として整備されたのである。この安土城の事例から、小牧山城の直線の大手道もまた山頂部へ巨石を運び上げるための

「石曳き道」から資材運搬道、工事終了後に、直線の往来として整備されたことが想定されよう。

だが、資材を上げるための通路はほぼ直線で伝本丸直下へと至るため、最上段に築かれた屋敷地から、むりやり百々橋口から黒金門へと続く主要道に接続させることになる。そのため、道は直線道から突如九十九折れの道へと変化せざるを得なかった。家臣屋敷の配置や、構築順序を『信長公記』等の各種記録を拾うことによって、はからずも大手道が直線であった理由までが見えてきた。蛇石運搬ルートから石曳き道・工事用資材運搬道として利用され、最後は上級家臣屋敷への往来となったとするのが、もっともわかりやすくて妥当な考えであろう。事実、発掘調査によって直線部分は旧谷地形にあたり、ほぼ全面を造成土で埋め立てた後、石段・側溝が造られたことが判明している。また、九十九折れの道は工期短縮の工夫として、旧地形に逆らわない方法が用いられたとの考えも示されている。

大手道沿いが一門衆と旗頭の屋敷地とするなら、当然上段に向かって左側が一門衆、右側が旗頭の屋敷地となろう。築城当初から、安土城の普請に奔走した丹羽長秀と織田信澄については、すでに相応の屋敷地が与えられ完成していたと思われる。

一門衆で残るのは、信忠、信雄、信孝、信包の四人、旗頭は柴田勝家、明智光秀、羽柴秀吉、滝川一益の同じく四人であるが、天正四年七月二五日付滝川一益宛黒印状に「一益が、運んできた屋敷用の門・櫓の材木を、安土の城の櫓用に使いたいので、櫓を作った優秀な大工五人と併せて使わせてほしい」と記されている。一益は、すでに屋敷地を与えられていたことになる。

とすれば、残りは三人になる。大手道沿いの屋敷地は、左が四人分、右が三人分の計七屋敷と、できすぎのように一致を見る。発掘後整備された「伝羽柴秀吉邸」は、織田一門の誰か、「伝前田利家邸」は、柴田・明智・羽柴のうちの一人の可能性が高い。

本能寺の変後の安土城炎上は主要部のみということが判明しており、これら大手道沿いの屋敷地はすべて焼け残っている。当然、信忠邸も火災を免れたことになる。左側の屋敷地で最大面積を誇る「伝羽柴秀吉邸」こそが、織田信忠邸とは考えられないだろうか。天正一〇年（一五八二）の清洲会議後に、信忠の嫡男・三法師秀信は、整備改修された「安土仮屋敷」へと入っている。その場合、父信忠の屋敷こそ、後継が入るに相応しい場所であった。

あくまでも推論でしかないが、「伝羽柴秀吉邸」は信忠の安土屋敷で、秀信が入った「安土仮屋敷」こそ、この地とも考えられよう。

安土築城の意図

信長が天下統一のシンボルとした安土城には、どのような意図があったのであろうか。安土城は軍事的色彩が希薄で、要塞的側面は必要最小限にとどめられていた。むしろ、政治的色彩を前面に押し出した宮殿建築と呼ぶのがふさわしい。

フロイスは、〈安土山に、実に見事で不思議なほど清潔な城と宮殿を造営した。彼がもっとも誇っていたことの一つは、その邸の美麗さと財産、ならびに七層を数える城塞であった〉〈偉大なる当日本の諸国のはるか彼方から眺めただけで、見る者に喜悦と満足を与えるこの安土の城〉と記しており、信長がその富と権力の強大さを示すために、山の最高所に未だ誰も築いたことのない七重天主を築き上げたことがわかる。

その主たる目的は軍事要塞の完成ではなく、誰もが驚く豪華絢爛な見せるためのシンボルとすることであった。

富と権力を集中した城の姿は、たちまち全国津々浦々に噂となって広がり、〈彼がいまだ武力を行使したことがない坂東地方の遠隔の多くの諸国までが、彼の名声と富裕さと権勢を耳にしただけで使者を派遣し、彼の支配下に入ることを申し出たほどであった〉とフロイスは記録する。これこそが信長の真のねらいであった。

圧倒的な富の集中、充実した兵力、支配下に収めた領国の数々——その中心がシンボルタワーたる安土城であった。豪華絢爛な城の姿を聞いただけで、信長との武力衝突を回避し、諸国の諸大名が信長の軍門に降ることをめざしたのである。信長のねらいは、安土城をして抑止力とすることであった。

もう一つの意図は、織田一門の権威付けにあった。抑止力が外向けの効果なら、こちらは内向けの効果として理解される。織田政権下では、嫡男信忠を除くと、子息・一門衆の持つ軍事統率権や地域支配権は、柴田、羽柴、明智といった家臣団の旗頭クラスに遠くおよばなかった。しかし、その居城については、安土城に次ぐ仕様を許されていた。

織田一門衆の城は石垣で固め、シンボルとなる天守が聳え、そこには安土城と同じ瓦が葺かれている。領地は功績によって家臣に与えたが、安土城と同様のものを使用するという権威は、一門衆以外には与えていない。家臣たちは、大いなる手柄を立て、一門衆と同様な城、あるいはそれに準ずる城構築の許可を欲したのである。一門衆は、支配地こそ少ないものの、その居城は家臣の誰にも許されなかった安土城に準ずる仕様で、自らの権威の証としていたのだ。

信長は安土城完成以後、さまざまなデモンストレーションを実施する。これも、諸国にその強大な権力基盤と財政力を見せ付ける狙いがあった。

天正九年正月一五日左義長の行事と併せた安土馬揃えには、馬廻衆、近江衆だけでなく、准三宮《じゅさんぐう》であった近衛前久《さきひさ》、信雄や信包ら織田家一門の人々も趣向をこらして参加している。信長は、黒い南蛮風の笠をかぶり、描き眉の化粧をし、赤い色のほうこう（儀式用の衣装の一つ）を着け、唐錦の袖なし羽織、虎皮の行縢《むかばき》（騎馬のときに着ける毛皮製の衣装）姿で、芦毛の馬で登場している。この行事に、見物人が群れ集まり、皆がこの趣向に感嘆したと『信長公記』は伝えている。

ついで二月二八日、天皇が見守る中、安土馬揃えを遥かに凌駕する規模で、都馬揃えを開催した。信長は大黒《おおぐろ》の馬に乗り、描き眉の化粧をし、昔、唐か天竺で帝王のために織った金紗のほうこうを着け、頭巾は唐冠で、後ろに花を立てていた。小袖は、紅梅文様に白い段替わり、その段ごとに桐唐草文様があしらわれ、その上に蜀江《しょっこう》錦の小袖、袖口に金糸の刺繡で縁取りしたものを着ていた。肩衣、袴は、紅色の緞子《どんす》で桐唐草文様。腰に牡丹の造花が挿されていた。腰簔は白熊《はぐま》（ヤクの尾）、太刀は金銀飾りで脇差は金銀飾りの鞘巻。腰に鞭を差し、弓掛は白革で桐の紋付き。沓《くつ》は猩々緋《しょうじょうひ》、沓の立ち上がりは唐錦で、まるで住吉明神のご来現のようで神々《こうごう》しく感じたと『信長公記』に記され、都中に泰平の世の到来とその力を見せ付けた。

見物の群衆は身分の上下にかかわらず、このように天下泰平で庶民も生活に困らない、めでたい御代に生まれ合わせたことを喜び、有史以来の盛儀を見物できたのは生涯の思い出となると言い合い、信長の威光のお陰で、かたじけなくも天皇を間近に拝見できてありがたいと、皆手を合わせて感謝・崇敬したとある。こうした大々的な軍事パレードも、織田政権の圧倒的な経済力を見せ付けるためと考えられる。

安土城の完成により、我が国の富と権力が信長に集中していることを天下に知らしめ、さらにさまざまなデモンストレーションを実施することで、宮中までもが信長の思いのままである事実を諸大名に突き付けたのである。

天正一〇年時点で、表立って信長に反旗を翻していた巨大勢力は、越後の上杉氏と中国の毛利氏だけになっていた。対立していた九州の大友氏と島津氏は、信長の仲介により和睦し、四国の長宗我部氏も、土佐一国と阿波半国支配の認可を得ることで信長に恭順する意志を示していた。北条氏とは同盟関係であり、奥羽の伊達氏もまた信長への恭順を示していた。諸国の大名たちは、まだ見たこともない安土城の評判に度肝を抜かれ、配下の武将たちは安土城同様の城を築くことを夢見たのである。「眺めただけで、見る者に喜悦と満足を与える城」――それこそが安土城に託した信長の意図であった。

信長によって、城は完全に権力の象徴になったのである。

第六章　信長の城郭政策

信長の破城令の展開

信長の実施した破城令については、在地城館制から一国一城制への転換として評価され、ひいては中央集権制への第一歩と言われている。

まず残された記録類から判明する信長の破城について年代順に列挙しておく。

永禄一二年一〇月四日、『信長公記』

田丸城（三重県玉城町）をはじめ、伊勢国中の城を奉行に命じ破却。これは、旧支配者であった国司方の城々破却によって、北伊勢が新支配者信長の分国になったことを知らしめるためであった。

元亀元年（一五七〇）四月二六日、『信長公記』

退却した朝倉方の疋田《ひきた》城（福井県敦賀市）を、滝川一益等を差し向け直ちに破却。

元亀元年四月三〇日、『信長公記』

明智光秀・丹羽長秀を差し向け、「武藤構え」（武藤友益《ともます》が築いた砦）を破却。疋田城、金ヶ崎城（福井県敦賀市）は、越前国境の木ノ芽峠を押さえる重要拠点。疋田城の櫓や塀の破却は、金ヶ崎城を国境の橋頭堡として整備するためで、部材を再利用したということも考えられる。

元亀四年二月二六日、『信長公記』

石山の城（滋賀県大津市）退去と同時に破城。即時破却は、逆らった将軍足利義昭に対する無言の圧力であった。

元亀四年七月一二日、『兼見卿記』

三淵藤英《みつぶちふじひで》が二条城（京都市）を出て、伏見城（京都市）に移ると、城を直ちに破却。足利義昭が居住していた城を破却することによって、室町幕府崩壊を知らしめる行為である。

天正元年七月二三日、『兼見卿記』

渡邊宮内少輔《くないしょうゆう》が一条寺城（京都市）を退去すると、直ちに城を破却。これも、二条城を直ちに破却したのと同じ理由での行為である。

天正元年八月一六日付、多胡宗（惣か）右衛門尉宛朱印状

新知行地を与える約束をした上で、山々に所在する城の破却を命ずる。越前ルートの安全確保をねらった破却になる。

天正三年四月一九日、『信長公記』

河内の国の高屋城（大阪府羽曳野市）をはじめとして、ことごとく破却。三好康長の降伏により、三好方の戦略拠点を破却し、敵対する本願寺に知らしめる目的があった。

天正四年四月一二日付、柴田勝家宛朱印状

和泉国中の一揆方の寺院（砦）を容赦なくすべて取り壊すように命ずる。本願寺周辺に立て籠もる一揆勢の拠点を破却し、本願寺の孤立化をねらった命令である。

天正四年六月二九日付、大和筒井順慶宛黒印状

多聞山城（奈良市）を解体して、京都へ運ぶことを命ずる。松永久秀の居城破却により、大和国内が新支配に変わったことを知らしめるためで、部材については再利用のための運搬になる。

天正四年七月九日付、某（信包か）宛朱印状

長野（伊勢）一郡内の城や拠点は、役立つ物のみ残し、ことごとく破却。伊勢完全平定のための破却である。

天正四年一〇月二日付、次男信雄（信意《のぶおき》）宛黒印状

伊勢国内の諸城の破却については、念には念を入れることを信雄に命ずる。南伊勢の拠点として田丸城を中心とした支配体制確立のための、諸城の破却である。

天正五年六月五日、『多聞院日記』

多聞山城の四階櫓の解体が、筒井順慶によって奈良中の人夫を使って終了。筒井支配を知らしめるためである。

天正六年一月一六日、『多聞院日記』

龍王城（奈良県天理市）の破却作業を開始。

天正八年八月四日、『多聞院日記』

京から帰った順慶が、国中の諸城の破却を開始。

天正八年八月一七日、『多聞院日記』

筒井順慶が、平城（奈良市）を破却。郡山城（奈良県大和郡山市）一城を残して、国中の城を壊す。石山本願寺退去が決定したことによって、郡山城を中心とした一国支配体制をめざした大和国内の諸城破却である。

天正八年八月二一日付、長岡藤孝（細川幽斎）宛黒印状

宮津城（京都府宮津市）の築城許可と、畿内諸城の破却を実施。畿内完全制圧による戦略的な城郭配置と、新支配体制を築き上げるための旧城郭の破却行為である。

天正九年八月一七日、『信長公記』

能登・越中の城々を、菅屋九右衛門（長頼）を奉行として、すべて取り壊す。前田利家の七尾城（石川県七尾市）を拠点とした新支配体制構築のためである。

天正九年九月一一日、『信長公記』

郡々を支配下に置き、城々の取り壊しを命令。伊賀平定による新秩序構築をねらった諸城の破却である。

織田政権成立以前は、侵略行為によって他国支配を実施する場合、多くは旧支配体制を引き継ぎ、配下の武将達の旧領地を安堵する形がほとんどであった。従って、旧支配者が使用していた城館へ新支配者が入城することによって、新支配体制が確立したとみなされた。信長は、旧支配者の城をことごとく破却することで、旧支配体制が崩壊し、新支配体制が成立したことを知らしめることになる。旧支配者の城郭破却こそが、もっとも端的に支配者交替を世に知らしめる行為であった。信長は、政権交替による新秩序の成立を、もっとも判りやすい形で示そうとしたのである。信長の破城には、大きく三つの目的があった。

① 敵対勢力（旧支配）の排除がなったことを、城郭破却によって知らしめ、信長領国に移行したことを視覚から訴える。
② 戦略の一環として、織田軍の安全確保のための破却および、敵方拠点の孤立化をねらったもの。
③ 領国掌握が終了し、新たな居城を中心とした新支配体制を確立するため。

信長の破城は、天正四年（一五七六）を境として、その目的が大きく異なってくる。天正四年以前の破却は、敵対勢力（旧支配体制）の排除や戦略の一環のためが中心だった。

しかし、天正四年以降は、新支配体制の確立をめざした新城構築を前提とした破却に変化する。

信長の破城は、疋田城取り壊しに見えるように、塀や櫓という上屋構造物（作事部分）を中心に実施された。後の破城のように、石垣を崩し、堀を埋め、再利用を阻む目的での実施ではない。むしろ、破却行為そのものが重要であった。信長という新しい支配者によって、旧支配者の城々が破壊されたことを視覚に訴え、時代の変化を知らしめたのである。

信長の築城命令

信長の築城命令についても、破城と同様に、その記録を改めて見直すことが城郭政策を考えるに不可欠である。以下築城命令を、残された記録類から年代順に列挙しておく。

元亀二年一〇月一四日、細川兵部大輔（長岡藤孝）宛朱印状案

勝竜寺要害（京都府長岡京市）再建にあたっては、桂川西岸の家屋は、門毎に一人の人夫を三日間徴用することを許す。西国街道の守備を厳重にするための再建である。

天正元年一〇月八日、『信長公記』

矢田城（三重県桑名市）を築き、滝川一益を入城させる。伊勢長島一向一揆に対する拠点としての築城になる。

天正二年七月二三日付、河尻秀隆宛朱印状写

中島城（長島城／三重県桑名市）に対する付城普請については、万全を期すことを命ずる。矢田城同様の目的で、この築城の三ヵ月後、一揆軍は全面降伏し長島城を開城した。

年代不明（天正三年か）四月二一日付、河内保田知宗宛朱印状写

保田の城（和歌山県白浜町）増強のための普請について、柴田勝家と相談して実施を命ずる。年代は不明であるが、三好攻めの一環、もしくは本願寺攻めの一環としての改修命令である。

天正三年八月二八日、『信長公記』

檜屋城（石川県加賀市）・大聖寺山城（石川県加賀市）の二城を築き、別喜右近・佐々権佐衛門と堀江を置く。越前一向一揆討伐の拠点とするための築城である。

天正三年九月二日、『信長公記』

信長自ら縄張りをし、北《きた》ノ庄《しょう》（福井市）要害を築くことを命じた。越前支配の拠点として信長が北ノ庄を選地し、柴田勝家の居城とすることを命令。

天正三年九月二〇日付、羽柴秀吉宛黒印状

築城に関する詳細な報告に満足し、完成を見に行くことを伝える。越前一向一揆討伐の一環として築かれた城である。

天正四年四月二一日、『兼見卿記』

大坂に七ヵ所の「相城」（付城）を築城。本願寺攻めのために築かれた付城である。

天正五年三月二一日、『信長公記』

佐野の村（大阪府泉佐野市）に要害構築を命令。雑賀および紀州の見張りを兼ねた支城整備である。

天正五年四月一七日付、和泉沼間《ぬま》任世《にんせい》宛黒印状

住吉城（大阪市）の普請を命ずる。本願寺攻めの備えとしての整備になる。

天正五年四月一九日付、飯尾信宗（丹羽長秀・猪子兵助・堀秀政）宛印判状写

三ヵ所の付城の完成報告を評価し、続けて西側に三ヵ所の城の早急普請を命じた。本願寺攻めに対する味方の前線拠点の陣城構築になる。

天正六年六月二九日、『信長公記』

水軍に備えた足懸りの陣地を命令通りに置いたことを万見重元が報告。本願寺を孤立化させるため、毛利軍と本願寺の遮断をねらった陣地である。

天正六年一一月九日、『信長公記』

茨木城（大阪府茨木市）に備え太田郷の北の山に砦構築を、高槻城（大阪府高槻市）には天神山に砦構築を命じ、さらに安満《あま》の地に繋ぎの要害を築くように命じた。荒木攻めの一環として、敵方拠点の茨木城、高槻城の備えとして築かれたものである。

天正七年二月二日付、中川清秀宛朱印状

有岡城（兵庫県伊丹市）に対する備えとして、二、三ヵ所の砦構築を命じ、細分指示を出すので、使者の派遣を要請する。荒木攻めの一環として築かれた砦普請の命令である。

天正七年四月一二日、『信長公記』

東播磨三木城（兵庫県三木市）攻めの拠点として秀吉軍が築いた砦群に検使を派遣し、信長の命令通りの構築かどうかの完成検査が実施された。

天正七年四月二九日、『信長公記』

丹羽長秀が、敵城淡河《おうご》の城（兵庫県神戸市）に対する砦構築を報告。さらに、四方に砦を築き、二重、三重に堀を造り、塀や柵を造り、それぞれしっかり守備することを命ずる。荒木攻めの拠点として細目を指示した砦構築の命令である。

天正八年四月二四日、『信長公記』

秀吉の姫路在城と普請を命ずる。本格的中国攻めの拠点として姫路城（兵庫県姫路市）を築くことを命じたものになる。

天正八年八月二一日付、長岡藤孝宛黒印状

長岡藤孝の宮津（京都府宮津市）築城を許可し、明智光秀と相談して築くことを命ずる。協力体制による居城普請命令である。

天正九年一〇月一二日、『信長公記』

伊賀国を信長自ら検分し、要害を必要とする所々を指摘し築城を命ずる。伊賀制圧後の築城命令で、織田領国に組み入れるためである。

天正九年一〇月一三日付、奥平喜八郎宛滝川一益書状写

信州との国境に築く砦の細目指示を与えるので、安土城に出仕を命ずる。武田攻めに関わる砦構築命令である。

天正一〇年二月二三日付、河尻秀隆宛黒印状

高遠城（長野県伊那市）に対する二、三ヵ所の伝えの城（繋ぎの城）の普請を命ずる。武田攻めの一環として織田軍の侵攻ルート確保のための構築命令になる。

天正一〇年二月二八日付、河尻秀隆宛印判状写

前記と同様に、繋ぎの城構築指令。

天正一〇年二月二八日付、河尻秀隆宛印判状写

下条（長野県下條村）、駒場（長野県阿智村）、松尾（長野県飯田市）、大嶋（長野県松川町）に二、三ヵ所の繋ぎの城を各人が受け持って普請することを命じる。信長出馬以前に必ず完成させよとの厳命である。武田攻めの一環としての築城命令であるが、撤収時や戦後を見据えた内容であった。

天正一〇年三月一日付、河尻秀隆宛黒印状

一連の繋ぎの城の構築命令。

天正一〇年三月二九日、『信長公記』

武田攻めの先陣・森勝蔵（長可）に信濃四郡を与え、川中島（松代城／長野市）に在城を命ずる。信濃四郡支配の拠点として、松代城に入ることを命じたもの。

破城同様、築城命令の目的を個別に検証していくと、大きく二つの目的を持って実施していたことが判明する。

① 戦略的見地から必要とする拠点としての構築、もしくは織田軍の軍事行動の安全確保をねらった築城命令。

② 領国統一（織田分国）の象徴として、最新鋭の城を築き、統一政権の誕生を布告するため。

①については、どのような目的の城であるかの詳細指示があった。②の居城構築命令は、天正三年の柴田勝家の北ノ庄築城に始まり、秀吉の姫路城、長岡藤孝の宮津城、前田利家の七尾城、森長可の松代城と、一国の拠点に限られている。拠点に最新鋭のシンボルとなる城を築くことが、早期統一政権樹立をめざした信長の戦略の一端として理解される。

破城と異なり、築城命令は、「城を築け」という抽象的なものではなく、明確に「要害」「取手（砦）」「付城」「繋ぎの城」「伝えの城」「足懸り」普請と、何を造るのかがはっきりと指示される。

また、築城後に信長の命を受けた検使が赴いている。これは、信長の命令通りのものが構築されたかどうかの確認作業である。命令から確認までの、規定に基づいた築城命令の存在が窺える。

これらの記録に見る「要害」は、「居城」と同様の意味で「勝龍寺要害」「北ノ庄要害」があるかと思えば、「佐野の村要害」「繋ぎの要害」という使われ方もしている。後者は、文字通り天険の場所に築かれたものであろう。「取手」は、戦闘目的に要所に築かれた小さな城、「付城」は、攻城戦の際に対陣のために築いた城、「繋ぎの城」および「伝えの城」は、連絡・補給などを目的とした支城、「足懸り」とは、臨時拠点と理解される。数的には、城普請が一二ヵ所、要害四ヵ所、砦一〇～一一ヵ所、付城一一ヵ所、伝城一一～一六ヵ所、足懸り一ヵ所と、信長による築城命令は、居城から臨時拠点にまでおよんでいる。

信長領国内では、臨時拠点構築までもが許認可事項となっていた。

信長の城郭管理

残された築城命令の記録等を見ると、具体的な信長の命令が垣間見える。特に注目されるのは、天正三年と推定される保田知宗宛朱印状において「柴田勝家と相談して、普請を実施せよ」、天正八年の長岡藤孝宛黒印状において「明智光秀と相談して築け」というものである。

明らかに、城郭普請にあたって共同作業を指示した内容で、出土遺物も共同作業を裏付けている。共同作業は、特別な場合を除いては、方面攻略軍単位で実施された。たとえば、柴田勝家を北陸方面攻略軍の最高責任者とした攻略軍内の国持大名の築城は、与力の前田利家、佐々成政、不破光治等が信長の命令によって協力し、共同作業で最新鋭の技術を駆使して築いたということになる。

さらに、築城に関する記載の中に、天正三年、北ノ庄へ直接信長が来て、縄張りをし、要害を築くように命じたとある。天正六年の、荒木攻めの一環として築かれた砦構築については、太田郷の北の山に砦を、天神山に砦を、安満の地に繋ぎの要害をと、選地命令を出している。また、天正七年の荒木攻めの際には、四方に砦を築き、二重、三重に堀を設け、塀や柵を築けという命令がある。信長自ら要害や砦の選地を実施し、堀・塀・柵という構築物まで指示している。また、元亀二年の長岡藤孝宛朱印状において「一人三日間人夫として徴用することを許す」とあり、たとえ信長から支配権を認められた領国内であっても、勝手に人夫徴用ができなかったことが判明する。

天正七年の中川清秀宛朱印状には「事前準備が大事であるので、色々言い聞かせたいから、使者を寄越せ」とあり、天正九年の滝川一益が奥平喜八郎に宛てた書状には「砦構築について命じるので、安土城に出仕するのを待っている」とある。

このように、築城にあたって非常に細かい指示を、直接信長が下していたことを示す記録までもが残されている。

信長による細目指示は、築城のみならず国替えにおいても見られる。

天正九年一〇月二日付、前田利家宛朱印状写には、こう細かく指示してある。

「能登国を利家に与え、旧領は菅屋長頼に与えるので、利家の府中城および部下の私宅まで整備して引き渡すことが肝心である。府中の天正九年分の年貢は利家の取り分で、来年度からは菅屋の所得になる。また、妻子は急ぎ必ず能登に引っ越さなければならず、引き継ぎのために長頼を近日越前に派遣するので承知しておくように」

国替えに当たっての引き継ぎ事項についても、信長からの詳細な内容の命令が出されていたのである。この中で、利家の府中城および部下の私宅まで整備して引き渡すことが肝心としている。府中城が、織田政権の象徴として、すでに政治的目的を持った、見せる城として整備されていたためと理解される。

城の破却行為についても、築城命令同様、すべてを壊すか、役立つものを残すかは、信長の命令しだいであった。天正七年の赤松広秀宛印判状写にも、西国の拠点として居城（龍野城）を破却しないで残したという記載があり、破却か存続かは、信長の一存であった。

織田領国内では、築城・破城の許認可権は、信長の一手にあった。たとえ、簡易施設であったとしても、必ず信長の決裁を仰いでいる。それは、方面攻略軍最高責任者クラスである秀吉や光秀でも許されておらず、信長の専決行為であった。

しかし、城郭存廃および新規築城等は、天正四年前後を境にして、大きく転換する。

前述のように、天正四年以降の破城は、領国支配体制の確立をねらった居城構築のためのものであり、破城と築城命令は、ほぼ同時に指示された。天正四年の伊勢における城々破却、天正六年以降の大和国中諸城破却、天正九年の能登・越中城々破却は、それぞれ、信雄の田丸城築城、信包の津城築城、筒井順慶の郡山城築城、前田利家の七尾城築城による新支配体制確立を目的とした破却行為であった。

また、瓦の使用については、長岡藤孝の勝龍寺城、明智光秀の坂本城・福知山城（京都府福知山市）・周山城（京都府京北周山町）、羽柴秀吉の長浜城（滋賀県長浜市）・姫路城、佐々成政の小丸城、高山右近の高槻城、荒木村重の有岡城等で確認されているため、国持大名までは瓦使用を認めたことがわかる。

瓦葺建物は、城郭建築すべてではなく、中心施設に限られていたことが、出土瓦の総量や種類からほぼ確実で、天守や大手門という施設への限定使用であった。当然、石垣も同様で、国持大名の城には、石垣が使用されていた。

このように、当時最先端の築城技術を駆使して、織田政権は地域支配の象徴として城を築いていった。信長の許可を得て、瓦・石垣を使用したというより、命令によって最新鋭の技術を駆使して築いたと考えられる。勝龍寺城、坂本城は、安土築城以前のことになるが、その他は、天正四年の安土築城以後のことになる。これ以後、領国支配の象徴として、安土城同様の見せるための政治的目的を持った築城命令が発せられたのである。

信長の目的は、織田分国になった時点で、最新鋭の天守・瓦・石垣を持つ近世城郭を築き、新政権、新秩序が成立したことを、もっともわかりやすい形で表現していくことであった。領国統一の政治的象徴の構築こそが、統一政権誕生の布告だったのである。

天正四年という年は、信長が織田政権の確立を天下に示す安土築城の年であり、将軍の専権であった官位叙任の奏請が成った年でもある。都を中心とした畿内中枢部をほぼ制圧し、さらに官位叙任権を得た信長は、統一の象徴として築いた安土城同様の「見せる城」を、織田分国内に築くことによって、統一政権の確立を天下に知らしめようとしたのである。

織田一門衆の城

前章でも触れたように、天正九年二月二八日、信長は京都で史上空前の御馬揃えを行った。天覧のもとの、織田軍団の一大軍事パレードで、この時参加した織田家一門衆の順序・参加人数は、一門内の序列を端的に表していた。一に織田信忠（嫡男）が騎馬八〇騎、美濃衆・尾張衆を従えていた。次に、織田信雄（次男）が騎馬三〇騎、伊勢衆を従えた。続いて、織田信包（弟）が騎馬一〇騎、織田信孝（三男）も騎馬一〇騎、織田信澄（甥）も騎馬一〇騎であった。この他、織田長益（弟）・織田長利（弟）・織田勘七郎（甥）・織田信照（弟）・織田信氏（甥）・織田周防（？）・織田孫十郎（叔父）と続く。

一門衆の中でも、特別な地位を認められていたのは、わずか五人でしかなかった。嫡男の信忠、次男の信雄、弟信包、三男信孝、甥信澄である。なかでも信忠は、織田一門と家臣団の最上位の地位を保持していた。他の四人は、国もしくは郡の支配権をもち、織田家遊撃軍の統率権を委ねられていた。これらの一門衆にはその居城に天守を築き、信長の安土城と同様の瓦もしくはそれに準ずる瓦を葺く特権が与えられていた。

嫡男である信忠は、天正三年一一月、家督相続に先立って、正五位下に叙せられ秋田城介に任官されている。当初は、岐阜城を引き継ぎ使用していた。信長段階には、金箔瓦および天守がなかったことが、フロイスの記載から推定される。

京都の御馬揃えでは、信忠は序列二番の信雄の三倍近い騎馬を率いている。これは、織田一門衆の序列において、信忠が特別な存在であったことを物語る。天正三年の岩村城攻めでは総大将として出陣、降伏開城させ武名を挙げる。同五年の松永久秀討伐では、やはり総大将として、明智光秀、羽柴秀吉らの諸将を率い、信貴山《しぎさん》城を落とした。その功績により従三位左近衛権中将に叙任され公卿に列せられ、前後して信長に替わり総帥としての役割を担うことになる。鎌倉時代以降では、正三位叙任を以て征夷大将軍となるのが慣例となっており、この段階で信忠は将軍一歩手前まで登り詰めたことになる。

「安土城と同じ瓦」を使用した信澄の大溝城の築城開始が天正六年、信雄の松ヶ島城、信

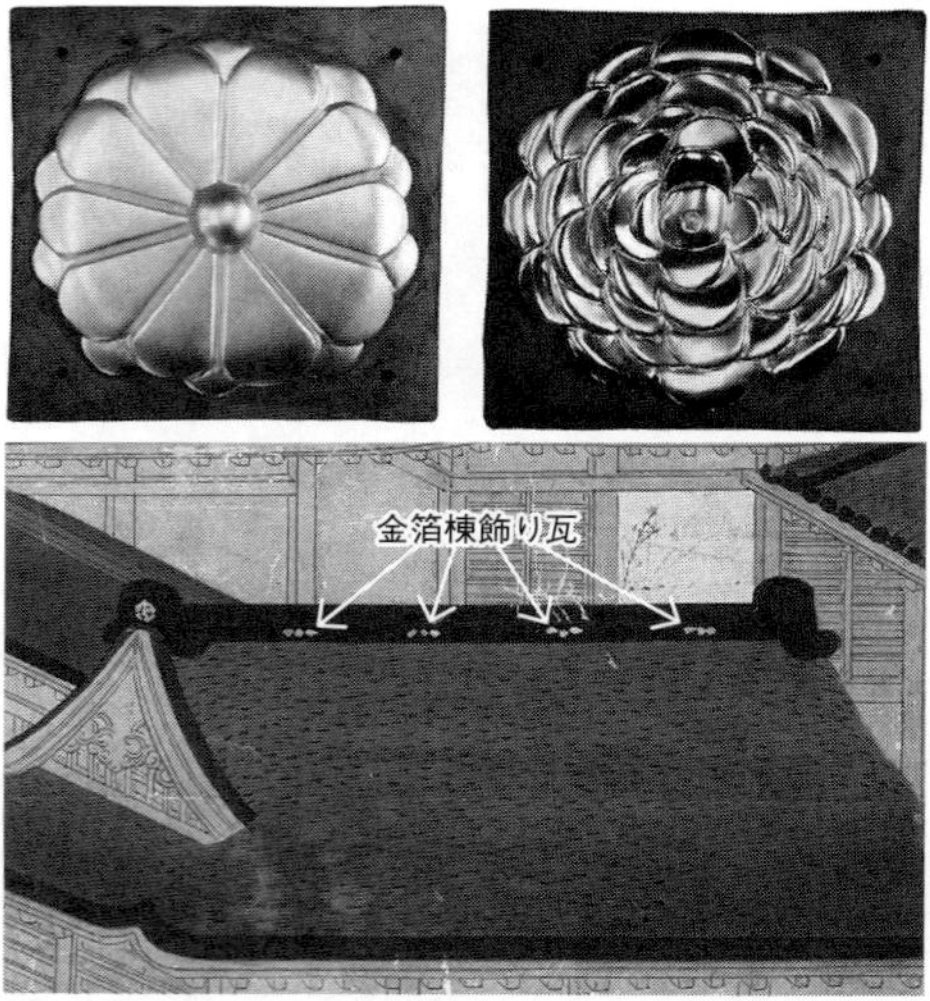

図6-1　復元された金箔棟飾り瓦と「洛中洛外図」（部分、岐阜市歴史博物館蔵）／二条城に見られる使用例（『国史跡岐阜城跡』岐阜市教委2015より）

孝の神戸城がともに天正八年である。これらの状況から、信忠が従三位左近衛権中将に叙任され、名実ともに織田家総帥の地位を確実にした天正五年に、「信忠の城」とするための改修が推定される。

それまで天守のなかった岐阜城山上部に天守を築き、さらに山麓御殿に金箔の棟飾り瓦（図6－1）を使用したことによって、その居城の体裁も織田家序列一位に相応しいものとなった。信忠の岐阜城改修完成により、天正六年以後、織田家一門衆の城に天守建築や金箔瓦が使用されるようになっていく。

そもそも、完成からわずか八年を経過したに過ぎない岐阜城に、大々的な改修は必要なかったが、信忠の居城に天守が存在しなかったことが最大の問題点であった。しかし信忠の岐阜城天守の完成によって、大溝城、松ヶ島城、神戸城（信包の津城の状況は、現時点で不明）という序列五位までに、信長から天守建築が認められたのである。

永禄一二年、次男の信雄は伊勢国司北畠具房の養子に入り家督を相続。信長による伊勢一国破城令を受け、北畠氏代々の居城・大河内城を廃して田丸城（三重県玉城町）へ入城した。天正三年、信雄は、大改修を施し三重天守を築いたが、瓦は未使用であった。同八年煙硝蔵放火により大火災が発生し、大部分の建物が炎上焼失した。そのため、信雄は新城を伊勢湾に面した松ヶ島の地に求めた。

図6-2　松ヶ城伝天守台跡を望む

松ヶ島城（三重県松阪市）についての詳しい記録は残らずその姿はわからないが、織田一門衆を代表する城の一つで、五重天守が聳え立っていたという。現在、城跡周辺は水田や畑等となり城の面影は見られない。唯一、畑の中に高さ三〜四メートル、幅約二〇メートルの小丘陵を残すだけである（図6－2）。この通称「天守山」が三重県指定史跡となっており、付近から金箔瓦の破片等が出土している。城は伊勢湾に面して築かれ、中央部に本丸、その東端に天守を配し、湾から続く堀で囲まれていた。その西側に堀で囲まれた曲輪、その北西部も曲輪を配し、ここに伊勢湾から堀によって連絡する舟入が設けられていた。築城に際し、参宮街道が城内に引き込まれている。これによって、城は陸海路の要衝を押さえることが可能となった。

天正一六年、松坂築城に際し、松ヶ島城の木材、石材、瓦等の資材は再利用するため運び出された。松坂城からは「天正七年」銘の瓦や安土城同様の金箔瓦も確認されており、記録通りの移設が確実である。信雄の松ヶ島城天守は、金箔瓦が燦然と輝く豪華絢爛な城であった。

永禄一一年（一五六八）、伊勢の神戸友盛の養子となった三男・信孝は、元亀二年（一五七一）に家督を相続、神戸城（三重県鈴鹿市）へと入城。天正三年には城下を楽市楽座とし、その発展を促した。北伊勢から反対勢力が取り除かれた天正八年、大改修に乗り出す。

現存する天守台は、天守台を中心に北東に小天守台、南西に付櫓台が付属する形式の複合天守で、約一三×一五・五メートル、高さ約六メートル、小天守台が約六・五×四メートル、高さ約四メートルである（図6－3）。天守の石垣は、野面積で、算木積は志向するものの完成には至っていない。上端や隅角部に近世の積み直しが見受けられるが、その他は積み方や石材の加工度、また墓石・五輪塔等の転用石を利用していること等から信孝時代の可能性が高い。天守の構造ははっきりしないが、文化一四年（一八一七）の「諸用雑記」に、石垣が堀の水面より約一二メートル、天守は五重六階で石垣上より約二〇メートル、初重平面約一五×一四メートルで、三重目に唐破風、最上階には廻縁高欄が配されていたとある。この天守が、文禄四年（一五九五）に解体され、桑名城に部材が運ばれ三重櫓として再生され「神戸櫓」と呼ばれることになる。

図6-3　神戸城天守台

　昭和四〇年（一九六五）、本丸の東で公民館建設中に、中心に宝珠、脇に唐草文を配した金箔飾り瓦が発見された。確実に信孝時代とは言えないが、少なくともその特徴から天正～文禄期に使用されたことは確実で、神戸城が伊勢国内で重要な役割を担う城であったことを物語る。

　天正六年、高島郡一職《いっしき》支配を継いだ甥の津田（織田）信澄は、新庄城を廃し、大溝城（滋賀県高島市）の築城を開始する。城は、琵琶湖を挟んで安土城の対岸に位置しており、湖西方面における要の位置であった。「織田城郭絵図面」(横田家文書)によれば、本丸は琵琶湖の内湖である洞海(乙女ヶ池)に突出し、その東南隅に天守が築かれ、他の三ヵ所の隅に櫓が置かれていた。二ノ丸、三ノ丸は洞海に面しており、本丸堀も洞海と直結するなど、水城と呼ぶべき体裁であった。城の設計は、義父の明智光秀によるとされる。

図6-4　大溝城天守台

現存する天守台(図6−4)は、約一五×一三メートルの規模で巨大な自然石を積み上げた野面積、北側に一段低い一二×九メートルほどの平坦面が付設。ここが付櫓台と考えられ、複合式の天守であった可能性が高い。現状では、穴蔵は確認できず、穴蔵を持たない天守であったと思われる。特筆されるのは、発掘調査によって金箔を貼られていないものの安土城と同じ瓦が出土していることである。これにより、大溝築城は信長の強い関与があったことが確実となった。城は天正一三年に取り壊され、その用材は中村一氏《かずうじ》が築城を始めた水口岡山城へ運ばれたと「岡山村船木西川伊九太郎氏文書」が記す。水口岡山城の発掘調査で、大溝城と同笵瓦が出土し、記録が事実であったことが裏付けられた。

残念なことに、序列三位の弟・信包の居城の状況がまったく判明していない。信包は、元亀元年(一五七〇)に仮城として上野城に入城。天正五年頃から、安濃津の地に居城の築城を開始し、本丸・二ノ丸・三ノ丸を持つ津城(三重県津市)を同八年に完成させたと伝わる。城には、五重天守と小天守があったとされるが定かではない。天守は、関ヶ原の戦いにより焼失してしまい、さらにその後の藤堂高虎による大改修により信包の城は大きく破壊を受けたと考えられる。津城跡からは、信包時代の遺構や遺物は確認されていないため、その城の姿は、はっきりしない。

これら一門衆のナンバー5までの城(未発見の信包の津城を除く)には、必ず天守が存在し、金箔瓦、もしくは安土城と同様の瓦が認められ、一門衆の城が安土城に次ぐ、権威ある城として存在していたことが判明する。

信長の城郭政策

信長の城郭政策について、以下、総括を試みたい。

当初、その政策は旧支配者の領主権の剝奪に伴う城々破却と、領地拡張を目的とした築城に限られていた。永禄一一年の上洛以降、元亀争乱を経て、将軍追放がなった天正元年までが、戦略的見地からの城郭政策が実施された期間である。

しかし、将軍追放後、城郭政策に大きな変化が見られた。その兆しは、元亀二年に築城命令が出された長岡藤孝の勝龍寺城と明智光秀の坂本城で、織田政権下初の瓦と石垣を持つ城を出現させた。明らかに、地域支配をねらった恒久城郭の建設であり、シンボルたる天守も築かせた。ここに、戦闘・戦略一辺倒だった城に、新たに政治的な目的が付加されていくことになる。

ただし、新時代の到来を告げる城郭誕生は、天正四年を待たねばならなかった。琵琶湖畔の安土山に織田政権の権威の象徴として、巨大城郭建設を開始。全山石垣に囲まれた城には、燦然と金箔瓦が輝き、最高所には天主と呼ばれるかつて誰もみたことのない七重の塔が建っていた。この安土城の誕生によって、戦闘・戦略一辺倒だった城が、政治的目的を持った「見せる城」に変化し、信長の権威を知らしめる象徴になったのである。

以後、織田分国内に新技術の城が構築されていく。新技術を駆使した城は、旧支配体制の崩壊と、織田政権の拡大・確立を告げる一大モニュメントとなった。ここに軍事一辺倒から脱却し、政治的目的を付加された居城を中心とした大名領国制の萌芽が見られるのであった。

信長は、新城築城の許認可権を一手に握り、次の①〜⑥のような細目にわたる築城命令を下した。

① 位置・場所の決定
② 規模
③ 作事および普請の主体者と協力者
④ 天守構築の有無
⑤ 瓦の採用
⑥ 石垣の使用

さらに、完成後には、信長直臣による検分を実施し、命令通りに築かれたかどうかの完成検査があった。

こうした許認可制度創設によって、配下の武将には領地以外の褒賞が生まれたことになる。戦闘行為等によって比類なき働きが認められた場合、信長からの褒賞は、領地加増に加え、新城築城許可が加わった。新城も、天守構築が許されるか、瓦使用が許されるかという特別な恩恵が加味されており、当然それは城郭規模にも反映されていた。

フロイス『日本史』には、安土城内の屋敷構築について、〈もっとも立派で大いなる邸を建てた者ほど、多くの手柄をたてたことになった〉とあり、それは当然、領地も城郭規模も同様であった。大いなる城を築いた者ほど、多くの手柄をたてたことを意味していたのである。織田領国拡大に伴い家臣に与えられた褒美は、一に領地、二に新城構築許可という名誉であった。さらに、その城には、天守構築、瓦使用という付加価値が付随していく。

織田家臣団においては、領地加増と同等の名誉として、新城築城や茶の湯開催権や茶道具下賜が褒賞の一部として定着していた。

一方、城郭の築城および破却命令も、前述のように信長の一手にあり、方面攻略軍最高責任者にも与えられていない特権であった。これは、信長を頂点とした完全な中央集権体制の確立になる。越前を柴田勝家に与えた際の定め書きの中に、〈一、事新しき子細候といへども、何事においても信長申し次第に覚悟肝要に候。(中略)とにもかくにも我々を崇敬して、影後にてもあだにおもふべからず。我々あるかたへは足をもさゝざるやうに心もち簡要に候〉(『信長公記』)とあるように、織田政権は、完全な独裁政権であった。そのため、信長個人が死亡すれば、芋蔓式に地方組織(方面攻略軍)も壊滅するしかない。

信長の死は、織田政権そのものが機能しなくなるということである。本能寺の変後の織田政権および方面攻略軍の状況が、信長独裁政権であったことを如実に物語っている。

終章　信長による統一政権の姿

信長のめざした城づくり

戦国期を迎えると、城は恒久施設としての体裁を整えていった。築城者は、自然地形を利用するだけでなく、人工的な堀や土塁を設け、防御機能を高めたのである。

城を築くために、各地の戦国大名たちはさまざまな工夫を凝らし効率的で強固な防御構造を持つ城づくりをめざした。たとえば、虎口の外に防御強化と出撃拠点を目的に馬出を設け、三日月形や凹形を呈す堀を配したり、堀底に畝を持つ堀障子を利用したりするなど、各地の戦国大名は新しい支配地を得ると、こぞって強固な防備を持つ城を築き上げた。築城が頻繁になると、築城のための専門的な職人集団が組織され、築城術は機密事項として守られることになる。

そうした中で、信長の築いた居城は、一貫して防御機能が薄い城であった。

初めて信長自身の手によって築き上げられた小牧山城は、巨石石垣に囲い込まれていたが、山麓部には堀もなく、城全体を囲い込む土塁もなかった（小規模な堀と土塁があった可能性は残っている）。小牧・長久手合戦でここに本陣を置いた徳川家康は、陣としての防備を固めるために、山麓部に巨大な堀を廻し、さらに土塁で囲い込んだ。また、中腹にも横堀を廻して防備強化を図っている。信長の城が、いかに防備が薄かったかを物語っていよう。

家康が実施した防備補強は、あくまで陣としての使用に耐えうるものである。強固な防備を持たせるためには、巨石で囲い込むより、巨大な堀を掘り、さらに土塁を廻すことの方が容易である。事実、家康は数日でそれを実施した。にもかかわらず、ここを恒久的な居城とした信長は、なぜ大規模な堀や土塁を採用しなかったのか。

これまで指摘してきたように、信長は、その居城に強固な防備を求めていなかったとしか思えない。信長が求めたのは、あくまでも、いまだかつて誰も見たこともない巨石石垣の新城を構築することであり、どこから誰が見ても明確に権力が信長に集中していることをわからせようとしたのである。

また、巨石で囲い込む閉ざされた空間を設けることで、信長個人が「隔絶された場所」に住む為政者へと変化することになった。信長は、この時点で軍事一辺倒であった「戦う城」から、政治的機能を持たせた「見せるための城」を志向したわけだ。

美濃を手中に収めた信長は、斎藤氏の稲葉山城を大改修して岐阜城と改め、天下統一の拠点とした。岐阜城もまた、防備機能が薄い城であった。確かに、山麓の御殿と山上の要害という二元構造を持つ、中世以来伝統的な城の体裁を保ってはいた。だが山麓御殿は宮殿であり、山上部も防備は施されるものの、数寄屋的な御殿の体裁でしかなかった。

ここを訪れた宣教師ルイス・フロイスは、信長が岐阜城を「栄華を示すためと、他のすべての大名たちにまさるために、多額の費用を用い、信長自身の慰安と娯楽として築いた」と記している。フロイスが「地上の楽園」と呼び、美濃の人々が「信長の極楽」と表現した岐阜城は、完全に政治的色彩を最優先させた「見せるための城」に変貌し、戦うための部分は陰に追いやられてしまった。

岐阜入城後、信長はまた人々の前から姿を消した。信長の宮殿は、たとえ寵臣であっても、信長の召喚がなければ何人たりとも中に入ることはかなわない空間となった。そして人々は、信長に対し絶対君主に対するように服従し始めるのであった。

最後の居城となった安土城では、完全に政治的な城へと変化し、見せることのみに主眼が置かれた。城であるが故、軍事的な機能も併せ持ってはいたが、通常は機密となる内部構造を一般開放によって、世にさらしてしまう。信長は、自らの手によって戦う部分を完全に放棄し、その権勢を知らしめることを優先したのである。そのねらいは、圧倒的な経済基盤と軍事統率権を有することを諸国の大名たちに知らしめ、敵対心や反抗心を奪うことであった。信長は、戦わずして勝つための抑止力を城に持たせたのである。

このように、信長の城づくりは、小牧築城当初から軍事機能の強化を図る以上に、その姿かたちという「見映え」に重きが置かれた。それを如実に表しているのが、山頂主郭を囲む巨石石垣の配置であった。

尾張の一大名に過ぎなかった小牧山では、技術者集団の把握もままならず、試行という段階に留まらざるを得なかったが、美濃を制圧し、さらに上洛を果たしたことによって新たな技術の導入が可能となり、より理想に近づく城づくりが可能となった。

岐阜城もまた、軍備増強という軍事的側面の充実は見えてこない。信長が掌握した権力を誇示するために築かれた城であり、室町将軍の金閣・銀閣を超える建築を築くことによって、「すべては信長の権力の下にある」ことをアピールする道具の一つとしたのである。

統一の拠点となった安土城は、まさに「シンボル」であり、前代未聞の七重天主を築きあげ、さらに御幸の御間までも出現させた。その権力を見せ付けるために一般開放をし、日の本の最高権力者が誰であるかを広く世に問うたのである。

城は政治的な側面が前面に押し出され、軍事面は二の次となっていった。信長自身が、小牧段階から城に籠もって戦う意思を持っておらず、安土もまた最悪の場合は、大安宅船《あたけぶね》で琵琶湖へ乗り出すことを想定していたとしか思えない。

信長にとって「城を枕に討ち死に」という考えはまったくなかった。自らの居城が攻められることは、想定外であったに違いない。

自らの居城には、シンボルとして権力を誇示し、抑止力とする使命を担わせた。領国となった国々の城については、新城築城の許認可権を信長が一手に握り、選地から作事・普請の細目にわたるまでの命令を発し、完成後は指示通りの仕上がりか否かの検分を実施し、確実に命令が実行される体制を築き上げた。

信長は、築城時における石垣や瓦の使用、天守構築の許可という築城命令による城郭統制を実施。それによって配下の武将たちは、大きな手柄をたて、安土城に準ずる城の築城許可を得ることを願うようになった。

こうして、すべての権限は、信長の一手にあった。織田政権内では、信長を頂点とした完全な中央集権体制がほぼ確立されていたのである。

だが、突如起こった本能寺の変によって信長は横死し、その城郭政策は未完のまま、終止符をうつことになる。信長の城郭政策の一部は、後継となった豊臣秀吉に受け継がれ、天下統一過程の中で各地に天守を持つ地域支配の拠点居城が築かれた。

また、豊臣氏滅亡後に、江戸幕府が打ち出した一国一城令および武家諸法度による新規築城禁止および修理届出制による許可制は、信長の城郭政策を徹底したものに他ならない。

信長による城郭政策こそが、その後の政権による城郭統制令の基礎になったのである。

信長政権が行き着く先

信長は、統一政権樹立の暁にはどのような立場で政権を運営していくつもりであったのだろうか。まず、自称を含め、信長の官位官職の変遷を見ておきたい。

『信長公記』では、天文一八年（一五四九）頃、上総介を自称したとあり、これが最初の官職となる。次いで、永禄二年（一五五九）将軍義輝に謁見し「尾張守」を拝命したとある。

翌永禄三年、今川義元を討ち取り手に入れた義元左文字の茎《なかご》には、「織田尾張守信長」「永禄三年五月十九日義元討捕刻彼所持刀」と銘が彫り込まれているが、その細工の時期は不明である。文献上の初出は、『多聞院日記』の永禄九年の十市遠勝《とおちとおかつ》宛大覚寺義俊書状になる。

永禄一〇年に勧修寺《かじゅうじ》晴豊が奉者となって信長に宛てた天皇家領の回復命令の綸旨の宛名は「織田尾張守」となっている。天皇からの公的な綸旨である以上、この時点で朝廷側は正式に「尾張守」を公認していたと理解されよう。

朝廷からの正式な任官は永禄一一年（一五六八）の「弾正忠」で、従五位下であった。足利義昭は、信長を副将軍もしくは管領にと推挙したが辞退、就いたのが弾正忠である。弾正忠は、弾正台の三等官で、宮城の内外を巡察し非違を糺弾する職である。信長は、この職のまま従四位下まで昇進している。

都の守護者となった信長に対し、朝廷側も正式に「副将軍」推任を伝えたが、信長は返答を避け、比較的低い官に留まったのである。これは、義昭の推薦であろうと、朝廷側からの斡旋であろうと官位を得ることによって、室町幕府に組み込まれるとの判断からであった。義昭や朝廷は、官位昇進をにおわせたり、与えたりすることで喜び、献金や献物をたやさない戦国大名たちを相手にしてきただけに、官位昇進を拒み続ける信長の扱いに困ったことは事実であろう。

その後、畿内周辺域を平定し、比叡山延暦寺を焼き討ちし、浅井・朝倉を滅亡させ、我が国の最高権力者としての地位を不動のものとした。この間、信長政権崩壊の危機に瀕したこともあったが、その度天皇による「勅命」を利用し、講和を図り危機を突破した。

信長にとって、天皇は利用価値のある貴重な道具だったのである。

天皇に改元と譲位を要求

元亀四年七月、将軍義昭が籠もる山城槙嶋城を攻撃し落城に追い込み、義昭を追放すると、ここに室町幕府は滅亡した。一八日の落城から三日後、信長は突如改元を内奏する。叡山焼き討ちにより王朝鎮護が消滅した折、正親町天皇は改元の内意を義昭と信長に伝えているが、義昭の強い反対で沙汰止みとなっていた。

信長からの改元奏請を受け、直ちに朝廷は話し合いを持ち、改元勘文を信長に内覧し、その意向を確かめた。弾正忠の官職でしかない信長を将軍同等に遇したのである。新元号は信長が望む「天正」とすることが、諸卿一致で決定。さらに正親町天皇は、改元結果を綸旨をもって信長に伝えている。信長が武家政権の長として、改元干渉をしたことは事実上の織田政権の発足として理解される。天正二年、信長は「参議」に叙任、従三位の位階となる。大臣・納言に次ぐ重職で、「宰相」とも呼ばれた。戦国大名初の参議昇叙で、将軍と同等の扱いとすることを朝廷が暗に認めたことになる。

義昭在任中には拒み続けていた官位の昇進をいとも簡単に受けたのは、任官が義昭による武家執奏の手続きを必要としなくなったからに他ならない。武家執奏による昇進は、義昭への臣従を意味するため、信長はこれを頑なに拒否し続けていたということが、参議叙任により判明する。

信長は、参議昇進の一〇日後、正倉院の蘭奢待を切り取った。歴史上、信長より先に勅使を以て切り取ったのは、足利義政ただ一人である。改元の実施、参議叙任、蘭奢待切り取りと、義昭追放とほぼ同時に信長は実施した。とりもなおさず、これらの出来事は、室町将軍の後継者として武家政権の長になったことを内外に宣言するためと理解される。

こうして、武家政権の長としての地位を確実なものにした信長は、朝廷および公家社会を掌握するべく、次なる行動を起こす。正親町天皇に対する譲位要求である。

信長は、当時二一歳の誠仁《さねひと》親王への譲位によって、天皇を傀儡《かいらい》にしようとしたのだ。

この時、正親町天皇は、時期を見てと曖昧な返答をしているが、その後の行動を見る限り、譲位の意志がまったくなかったことは明らかである。信長も、統一事業が未だ道半ばということもあり、思いをちらつかせただけで矛をおさめている。

天正三年（一五七五）には、「権大納言」、「右近衛大将」に叙任。位階は従三位である。ちなみに、建久元年（一一九〇）、奥州藤原氏を倒した源頼朝に対し、朝廷側がやはり右近衛大将および権大納言に任じ、その二年後に征夷大将軍に任命している。

信長以前にこれより上位の官職に任官された武家も、わずか四人しかいない。上位官位から列挙すると平清盛（太政大臣）・足利義満（太政大臣）・足利義教（左大臣）・足利義政（左大臣）である。信長に対してこの官職が与えられたということは、征夷大将軍任官に向けた準備を始めたことを知らせる目的があったと思われる。

信長が、関東制圧を成し遂げた後に、征夷大将軍とすることを保証したのである。

翌四年には、正三位に昇進し、「内大臣」となる。内大臣は、武家政権の長あるいはそれに次ぐ地位の者に与えられ、武家の大臣任官者のほとんどは、最初に内大臣に任じられている。この時点で、太政官として天下の政務を司る官位を得たことになり、名実ともに足利将軍に代わって、信長政権の誕生を朝廷側が認めざるを得なくなったと理解できる。

この年、信長は地方大名の官位推挙も実施し、武家政権の長として動きだす。都では、一条川端の報恩寺を接収し、縁戚となった二条家に贈与。関白二条晴良を一条川端へと移し、旧二条家（押小路通と烏丸通交差点の南西側）の大改修を実施し、信長の京屋敷としたのである。御所の南西約一キロに位置していた。

さらに天正五年には「右大臣」従二位、翌六年には正二位にまで昇進する。右大臣は、太政大臣、左大臣と併せ三公・三槐と呼ばれ、左大臣とともに太政官における最高位であった。武家としての右大臣任官は、鎌倉幕府の三代将軍源実朝以来の出来事である。

だが、この年四月、信長は突如、右大臣・右近衛大将の両官辞任を申し出る。その理由は、統一事業が中途段階であるため、天下一統するまでの間、辞めたいということであった。信長の本音は、朝廷への揺さぶりで、正親町天皇の譲位を促すための方策であったと思われる。譲位がない限り、朝廷とは距離を置くという圧力であろう。

以後、信長は前官待遇となり「前右府《さきのうふ》」と呼ばれることになった。信長は、無位無官の状態で統一事業を推し進めることになる。

天正七年、譲位問題で進展がないのに業を煮やした信長は、都に築いた自邸を誠仁親王に献上する。親王が、二条新御所へ移徙したことによって、信長は次の天皇を人質にとったのである。これもまた、正親町天皇に譲位を迫り、誠仁親王を天皇に擁立するための方策で、信長は近衛信基・九条兼孝など摂家を含めた公家衆五十余人を集め、新御所移徙を祝う対面の儀を実施した。明らかに、信長が擁立した新主を披露するのが目的で、譲位に向けた実力行使に打って出たのである。

だが、正親町天皇はこれでも譲位に言及することはなかった。

天皇を傀儡とする政権運営をねらう

天正八年、信長は本願寺との講和問題解決が最大課題となり、譲位問題にかかわっている余裕はなかったが、本願寺との講和がなると再び譲位に向けた動きを活発化させる。

天正九年二月、信長は京都で「馬揃え」を実施、これは織田軍団を挙げた一大軍事パレードで、織田政権の圧倒的な軍事力・経済力を見せ付けるねらいがあった。これも、正親町天皇に譲位を迫る示威行動の一つと理解される。馬揃えの後に朝廷側からあった提案は、信長の左大臣就任であった。当然のごとく、信長は譲位を求め、譲位後に任官のことも考えるとの返答をしている。

天正一〇年、信長は甲州に攻め入り武田氏を滅亡に追い込み、関東の北条氏も信長への従属姿勢を示していることから、朝廷側は関東平定と解釈し、慣例により征夷大将軍就任の機が熟したと判断したようである。五月、関東平定の祝いをどうするかで武家伝奏の勧修寺晴豊と京都所司代・村井貞勝の話し合いが持たれた。勧修寺晴豊の日記によると「信長を征夷大将軍・太政大臣・関白のうちのどれかに任官する」ことで意見の一致を見た。この任官提案が、朝廷側からかあるいは信長側からかがはっきりしない。現時点で、双方の説がある。読み方の違いであるため、ここに原文を記しておく。

〈村井所へ参り候。安土へ女房衆（天皇からの使者）御下し候て、太政大臣か関白か将軍か、御推任候て然るべく候よし、申され候。その由、申し入れ候〉

信長は、これに対し返答することなく、運命の六月二日を迎えてしまう。信長が毛利攻めを前に回答し、新たな官位を前面に押したて備中に向かったか、毛利領を支配下に置いた後に回答するつもりだったのかは謎となってしまった。この回答こそが、信長が将来的に天皇をどう扱おうとしていたかが判明する、重要な手がかりになるはずであった。本能寺の変は、天下人信長をこの世から葬り去るとともに、信長が考えた天下静謐《せいひつ》構想までをも永遠の謎として残すことになったのである。

果たして信長は、なんらかの官職に任官したのであろうか、無官のままか、それとも天皇よりも上を目指したかなど、さまざまな見解がある。

まず、考えたいのは、安土城内に築いた「御幸の御間」の存在である。信長は、ここに本気で正親町天皇の行幸を予定していたのであろうか。答えは否である。信長の要求する譲位にすら、曖昧な返答を繰り返す天皇が、安土城内に来ることはなかったであろう。

だとすれば、ここに来るとしたら誠仁親王ということになる。二条新御所へ移徙した親王に対し、公家衆五十余人を集め対面の儀を実施したように、安土城内で一族や配下の有力武将を集めた対面の儀を行い、親王こそが織田政権が擁立する天皇であることを公にしようとしたことは、考えられないでもない。これも、譲位を拒む天皇への圧力ということになろう。

しかも、本丸御殿内に築かれた「御幸の御間」は、天主から見下ろす場所に位置する。これは、信長が天皇の上に位置することを暗に知らしめる目的があったとしか思えない。天皇の玉座さえも、己が居城へと造り上げることのできる信長の絶対的な権力を知らしめる目的もあったのであろう。信長が、天皇より上の存在であり、すべては信長の権力下にあることを示す装置だったと理解される。

度重なる譲位要求、誠仁親王の囲い込み、安土城内の御幸の御間の存在、信長が天皇を傀儡とし政権運営を考えていたのは確実である。天皇制を否定しようとか、天皇に取って代わろうとしたような形跡は見られない。

だが、天皇を傀儡とすることで実質的な「日本国王」として君臨しようとしたことが窺える。

潰えた信長の野望

ただ問題は、正親町天皇が譲位し上皇となった場合の扱いであろう。

朝廷では、現役の天皇よりも退位した上皇が実権を握るのが慣習でもあった。だが、退位に伴う即位の式や、院の建設には莫大な費用を要する。室町時代では後花園上皇以来、すでに一〇〇年以上院政も行われておらず、仮に退位した正親町天皇が上皇になったとしても、それらの費用はすべて信長に頼らざるを得ない状況であった。正親町天皇としては、譲位して上皇になりたくてもなれない事情があったのである。そこを信長に衝かれたというのが真相であろう。

譲位すれば、息子の誠仁親王は傀儡となり、すべての実権は信長に移ることが目に見えていた。また、上皇になって実権を握りたくとも、その費用負担は信長の懐頼みだったのである。二進《にっち》も三進《さっち》も行かず、ことをうやむやにするしかなかった。

それでは本書の最後に、信長が望んだ官位は結局何であったかを考えてみたい。

義昭追放後の官位の昇進の在り方、改元奏請、蘭奢待の切り取り等から、新たな室町殿となることであった可能性がもっとも高い。つまり信長は、当初は征夷大将軍となることを望んでいたのである。

だが、五月の朝廷側からの任官提案に対し、六月まで正式な返答をしていない。このことから、征夷大将軍以外の任官も視野に入れるようになった気がしてならない。正親町天皇に対する度重なる譲位要求は、朝廷を含め完全に信長の支配下に置こうということであろう。信長は、自らは「太政大臣」となり、嫡男信忠を征夷大将軍とすることで織田幕府を開設し、公家および武家の双方の頂点を押さえることをめざしていたのではあるまいか。

自らが征夷大将軍となった場合、そのまま嫡男信忠に職を譲ることは可能である。しかし、征夷大将軍を辞した信長が「太政大臣」に任官することは極めて考えにくい。嫡男信忠を武田攻めの総大将にしたことも、征夷大将軍就任に向けた一手のようにも思える。また、左大臣任官辞退も、信忠の任官を優先させたかったためとも捉えられている。

信長は、鎌倉将軍や室町将軍とは異なり、武家の棟梁でありながら、天皇を傀儡とし朝廷までをも思いのままにあやつる実質的な支配体制を頭に思い描いていたのであろう。

毛利攻めが終了すれば、ほぼ全国統一が完成することになる。圧倒的な軍事力と経済力

現在の本能寺の信長供養塔

を背景に、自らは「太政大臣」となり、信忠を「征夷大将軍」に就けようとしたのである。
本能寺の変がなければ、毛利平定後、大坂に四海統一を記念する居城を築き自らは移り住み、嫡男信忠を征夷大将軍とし、正式に織田弾正忠家を武家の棟梁の家格にまで押し上げたはずである。信長が朝廷を主導し、信忠が武家を束ねるという政治体制こそが信長のめざしていた政権の在り方であった。
いずれにしても、あくまで推論であって、すべては本能寺の変により夢幻となってしまい、証明する術《すべ》もない。

おわりに

平成に入るとともに「安土城跡」の発掘調査が開始されました。それに合わせるかのように、全国各地で急激に城郭の発掘調査が実施され、それまで研究対象とすらなっていなかった瓦や石垣に注目が集まるようになりました。しかし、資料的蓄積がなく、実際に城郭調査に携わった各地の学芸員たちの多くは途方に暮れることになります。そこで、そうした行政の発掘調査担当者の中で、城郭研究に携わった人たちが一堂に会し、問題を話し合う場を設けようと平成五年（一九九三）、織豊期城郭研究会が活動を開始しました。

滋賀県立大学教授の中井均氏とともに、事務局メンバーであった私は、会の運営の傍ら、自分なりに瓦と天守を中心に、織豊政権のあり方についてまとめることを課題としました。それについては、平成二四年（二〇一二）に『織豊権力と城郭――瓦と石垣の考古学』と題し、高志書院から出版することができました。しかし、信長の城についてはある程度まで迫ることはできたものの、不明な点にまで踏み込むことがかないませんでした。

安土城跡の発掘調査も平成二〇年度をもって終了し、もう信長の城について新たな発見もないだろうと思っていた矢先、小牧山城と岐阜城から、次々と新しい発掘調査成果がもたらされてきたではありませんか。小牧山城と岐阜城の発掘成果から、それまで解決がつかないと思っていた安土城の姿にまで迫ることができるかもしれない。そこで、現時点で判明している事実から、真の織田信長の城をまとめてみようと思ったのが本書執筆のきっかけでした。信長発給文書や『信長公記』、宣教師の記録という文献資料、出土遺物や遺構という考古学資料、これに各地で判明してきた織豊政権下の城郭構造の変化等を加え考察を及ぼしたところ、新たな信長の城の姿が浮かび上がってきたのです。

それを論文とか論考にまとめると、専門分野を研究する一部の人たちの中でのみの発表になってしまいます。その後、多くの人たちに知ってもらうまで、おそらく数年を要することになってしまうでしょう。私自身は、より多くの城郭ファンの皆様に、少しでも早く真の安土城の姿を知ってもらいたいという気持ちでいっぱいでした。そのための方策として、新書版での出版に行き着いたわけです。

本書をまとめるにあたっては、多くの皆さまの論文や論考を参考にさせていただきました。清須城の発掘成果については、愛知県埋蔵文化財センターの鈴木正貴氏の論考をベースにさせていただきました。小牧山城については、小牧市教育委員会の小野友記子さんから、実に多くのアドバイスと現地での解説をいただきました。岐阜城については、岐阜市教育委員会の内堀信雄氏と高橋方紀氏から、数年にわたる発掘成果の解説と種々のアドバイスとともに、山麓から山上までの現地の状況を解説していただきました。安土城については、発掘調査の開始から終了まで、木戸雅寿氏を始め、調査を担当された安土城郭調査研究所（当時）の担当者の皆さまに、毎年の成果を現地で詳しく解説していただきました。また、発掘調査現場へは、必ず中井均氏を始めとする織豊期城郭研究会のメンバーがいつも一緒でした。みんなで現地で交わした多くの議論こそが、最も役立つアドバイスでした。記して感謝申し上げます。

本書の信長の歴史的事象については、日頃よりさまざまなご指導・ご助言をいただいている小和田哲男先生の著作を参考にさせていただきました。上屋構造物（建築）については、いつもアドバイスをいただいている広島大学の三浦正幸先生の著作が参考書です。今回も、執筆にあたり最新の安土城の復元図面を提供していただきました。改めて両先生に感謝申し上げたいと思います。

最後になりましたが、こうして本書が出版できるようになるきっかけを作っていただいた講談社の土屋俊広さん、編集を担当していただいた丸山勝也さんに御礼申し上げたいと思います。両氏の的確なアドバイスがなければ、本書が刊行されることはありませんでした。刊行にあたって新たな図版を作ることが多くて、丸山さんには随分とお手数をかけてしまいました。また、表紙のオビは、『週刊ヤングマガジン』に「センゴク権兵衛」を連載中の宮下英樹さんが、渾身の織田信長と安土城を描いてくれました。御礼の申し上げようもありません。本当にありがとうございました。こんな贅沢な本を出していただいていいのかなあと内心思っています。

今回、織田信長の築いた城について、さまざまな見解を提示させていただきましたが、一城郭ファンとしては、やはり安土城の姿を知りたいと思ってしまいます。それは、バチカンから狩野永徳が描いた「安土山図屏風」が発見されればわかることかもしれません。見てみたい、発見されることを心待ちにしている反面、いつまでも「夢幻の城」であってほしいという気持ちもあります。

多くの城郭ファン、信長ファンを魅了してやまない「織田信長の城」に浸り続けることができた執筆期間中が、私にとって至福な時間であったことは間違いありません。本書を手にした、多くの皆さまと、その至福の時間を共有できれば望外の喜びです。

徐々に足を速める冬の気配を感じる平成二八年一一月吉日

著者

参考文献

【論文・論考】

安野眞幸「安土山下町中宛信長朱印状」『弘前大学教育学部紀要』第93号　二〇〇五
井川祥子「美濃岐阜、織田氏館の調査成果」『発掘調査成果でみる16世紀大名館の諸相』シンポジウム報告　東国中世考古学研究会　二〇一六
伊藤徳也「田丸城」『三重の山城ベスト50を歩く』サンライズ出版　二〇一二
内堀信雄「美濃における守護所・戦国城下町の展開－空間構造の変遷を中心に」『守護所と戦国城下町』高志書院　二〇〇六
内堀信雄「岐阜城の石垣について」『織豊城郭』第一一号　織豊期城郭研究会　二〇〇七
内堀信雄「井口・岐阜城下町」『信長の城下町』高志書院　二〇〇八
内堀信雄「岐阜城－伝統のなかの革新性」『天下人の城』風媒社　二〇一二
内堀信雄「織田氏の城、小牧山城・岐阜城」『織豊城郭』第一四号　二〇一四
内堀信雄「小牧山城・岐阜城・安土城」『中世城館の考古学』高志書院　二〇一四
遠藤才文「あらわれた二つの都市　清須」『中世の風景を読む三』新人物往来社　一九九五
大下　永「『言継卿記』に見る岐阜城と城下町」『岐阜市歴史博物館研究紀要』第22号　二〇一五
大沼芳幸「安土城石垣ノート－調査整備の雑感」『研究紀要3』滋賀県安土城郭調査研究所　一九九五
小野正敏「城館出土の陶磁器が表現するもの」『中世の城と考古学』新人物往来社　一九九一
小野正敏「威信財としての貿易陶磁と場」『戦国時代の考古学』高志書院　二〇〇三
小野友記子「小牧山城」『歴史読本』六月号　新人物往来社　二〇一二
小野友記子「小牧山城の石垣」『織豊城郭』第一六号　二〇一六
尾野善裕「掘り出された戦国時代の那古野城」『新修名古屋市史第二巻』名古屋市　一九九八
小和田哲男「新・図説信長記」『織田信長その激越なる生涯』新人物往来社　一九七八
小和田哲男「新・図説信長記」『天下布武織田信長』新人物往来社　二〇〇七
恩田裕之「井口・岐阜」『守護所と戦国城下町』高志書院　二〇〇六
数野雅彦「武田氏館跡の調査成果－居館から連郭式城郭への変遷を中心に」『新府城と武田勝頼』新人物往来社　二〇〇一
加藤理文「金箔瓦使用城郭から見た信長・秀吉の城郭政策」『織豊城郭』第二号　一九九五
加藤理文「瓦の普及と天守の出現」『戦国時代の考古学』高志書院　二〇〇三
加藤理文「織田信長の城郭政策」『織豊城郭』第一〇号　二〇〇三
加藤理文「信長の城」『天下布武織田信長』新人物往来社　二〇〇七
加藤理文「安土城主要部の構造」『織豊城郭』第一四号　二〇一四
亀山　隆「神戸城」『三重の山城ベスト50を歩く』サンライズ出版　二〇一二
木戸雅寿「安土城出土の瓦について－その系譜と織豊政権における築城政策の一端」『織豊城郭』創刊号　一九九四
木戸雅寿「石垣構築順序から見た安土城の普請について」『研究紀要4』滋賀県安土城郭調査研究所　一九九六
木戸雅寿「安土城惣構の概念について」『研究紀要5』滋賀県安土城郭調査研究所　一九九七
木戸雅寿「安土城の天主台と本丸をめぐって」『織豊城郭』第五号　一九九八
木戸雅寿「安土山」『戦国時代の考古学』高志書院　二〇〇三
木戸雅寿「坂本城」『近江の山城ベスト50を歩く』サンライズ出版　二〇〇六

木戸雅寿「安土城の大手道はなかった」『紀要』第20号（財）滋賀県文化財保護協会　二〇〇七
木戸雅寿「安土山と安土山下町」『信長の城下町』高志書院　二〇〇八
小島道裕「戦国城下町の構造」『日本史研究』二五七号　一九八四
小島道裕「戦国・織豊期の城下町」『日本都市史入門Ⅱ』東京大学出版会　一九九〇
近藤　滋「安土城下町の再考」『研究紀要9』滋賀県安土城郭調査研究所　二〇〇三
坂田孝彦「考古学からみた安土城下町の構造」『信長の城下町』高志書院　二〇〇八
下村信博「戦国尾張の動向」『守護所と戦国城下町』高志書院　二〇〇六
下村信博「織田氏の権力構造と城下町」『信長の城下町』高志書院　二〇〇八
下村信博「勝幡城・那古野城－戦国期尾張のただなかで」『天下人の城』風媒社　二〇一二
白井忠雄「大溝城」『近江の山城ベスト50を歩く』サンライズ出版　二〇〇六
鈴木正貴「信長と尾張の城下町－小牧城下町成立前夜の尾張の都市」『信長の城下町』高志書院　二〇〇八
鈴木正貴「清須城－地下に眠る広大な城下町の記憶」『天下人の城』風媒社　二〇一二
鈴木正貴「後期清須城本丸考」『研究紀要』第一三号　愛知県埋蔵文化財センター　二〇一二
千田嘉博「小牧城下町の復元的考察」『ヒストリア』第一二三号　大阪歴史学会　一九八九
善端　直「七尾城跡の確認調査速報－今語り始めた戦国時代・能登畠山氏」『石川考古』233　一九九六
高木　洋「ルイス・フロイスの岐阜来訪－一五六九年七月一二日付書簡（アルカラ版）全訳」『岐阜市歴史博物館研究紀要』第一七号　二〇〇五
髙橋方紀「ルイス・フロイス〈4種の記録〉からみた岐阜城の構造」『岐阜市歴史博物館研究紀要』第二二号　二〇一五
田坂泰之「室町期京都の都市空間と幕府」『日本史研究』四三六号　一九九八
竹田憲治「松ヶ島城」『三重の山城ベスト50を歩く』サンライズ出版　二〇一二
玉村登志夫「墓石で築かれた石垣－発掘が語る信長二条城」『名城シリーズ11　二条城』学習研究社　一九九六
土山公仁「岐阜一五六七－一五八二」『岐阜市歴史博物館研究紀要』第六号　一九九二
内藤　昌「安土城の研究」（上）（下）『國華』第九八七・九八八号　朝日新聞社　一九七六
中井　均「織豊系城郭の画期－礎石建物・瓦・石垣の出現」『中世城郭研究論集』新人物往来社　一九九〇
中井　均「織豊系城郭の特質について－石垣・瓦・礎石建物」『織豊城郭』創刊号　一九九四
中井　均「安土築城前夜－主として寺院からみた石垣の系譜」『織豊城郭』第三号　一九九六
中井　均「織豊期城郭の地域的伝播と近世城郭の成立」『新視点中世城郭研究論集』新人物往来社　二〇〇二
中井　均「城郭にみる石垣・瓦・礎石建物」『戦国時代の考古学』高志書院　二〇〇三
中井　均「岐阜城」『岐阜県中世城館分布調査報告書　第二冊』岐阜県教育委員会　二〇〇三
中井　均「近江宇佐山城」『戦国の堅城』Ⅱ　学習研究社　二〇〇六
中井　均「信長の城と秀吉の城」『信長の城下町』高志書院　二〇〇八
中嶋隆・小野友記子「小牧山の石垣について」『織豊城郭』第一一号　二〇〇七

中嶋　隆「小牧城下町」『信長の城下町』高志書院　二〇〇八
中嶋　隆「小牧山城－解明が進む信長の城」『天下人の城』風媒社　二〇一二
中西裕樹「畿内の都市と信長の城下町」『信長の城下町』高志書院　二〇〇八
中西裕樹「山の寺からみた戦国期城郭と安土城の構造」『織豊城郭』第一五号　二〇一五
仁木　宏「〈信長の城下町〉の歴史的位置」『信長の城下町』高志書院　二〇〇八
畑中英二「安土城跡伝二の丸東溜りの再検討」『織豊城郭』第一五号　二〇一五
福島克彦「宇佐山城」『近江の山城ベスト50を歩く』サンライズ出版　二〇〇六
藤村　泉「本丸建物の考察」『特別史跡安土城跡発掘調査報告』11　滋賀県教育委員会　二〇〇一
松下　浩「東家所蔵『江州蒲生郡豊浦村与須田村山論立会絵図』－近世安土城の絵図についての紹介」『織豊城郭』第二号　一九九五
松下　浩「安土城下町の町割に関する一考察」『研究紀要9』滋賀県安土城郭調査研究所　二〇〇三
松下　浩「安土城下町の成立と構造」『信長の城下町』高志書院　二〇〇八
松田　訓「遺構からみた那古野城の残影」『研究紀要』第三号　愛知県埋蔵文化財センター　二〇〇二
宮上茂隆「安土城天主の復元とその史料に就いて」(上)(下)『國華』第九九八・九九九号　朝日新聞社　一九七七
森田克行「城の石垣」『考古学による日本歴史』(6) 雄山閣　二〇〇〇
森田恭二「花の御所とその周辺の変遷」『日本歴史の構造と展開』山川出版社　一九八三
山村亜希「中世津島の景観とその変遷」『愛知県立大学文学部論集』五三　二〇〇五
山村亜希「岐阜城下町の空間構造と材木町」『愛知県立大学日本文化学部論集』歴史文化科学編　第5号　二〇一四
山本博利「姫路城石垣研究の前提的作業（Ⅰ）」『城郭研究室年報』vol.5　一九九六
吉永眞彦「坂本城下町」『信長の城下町』高志書院　二〇〇八

【書籍】

秋田裕毅『織田信長と安土城』創元社　一九九〇
石井進・萩原三雄編『中世の城と考古学』新人物往来社　一九九一
内堀信雄・鈴木正貴・仁木宏・三宅唯美編『守護所と戦国城下町』高志書院　二〇〇六
岡本良一他編『織田信長事典』新人物往来社　一九八九
奥野高廣・岩澤愿彦校註『信長公記』角川書店　一九六九
奥野高廣『織田信長文書の研究』(上) 吉川弘文館　一九六九
奥野高廣『織田信長文書の研究』(下) 吉川弘文館　一九七〇
奥野高廣『織田信長文書の研究』(補遺・索引) 吉川弘文館　一九八八
小野正敏・萩原三雄編『戦国時代の考古学』高志書院　二〇〇三
加藤理文『織豊権力と城郭－瓦と石垣の考古学』高志書院　二〇一二
木戸雅寿『よみがえる安土城』吉川弘文館　二〇〇三
木戸雅寿『天下布武の城　安土城』新泉社　二〇〇四
笹本正治『戦国大名と職人』吉川弘文館　一九八八
千田嘉博『織豊系城郭の形成』東京大学出版会　二〇〇〇
千田嘉博編著『天下人の城－信長から秀吉・家康へ』風媒社　二〇一二
千田嘉博『信長の城』岩波新書　二〇一三
竹内理三編『多聞院日記』増補續史料大成一～五　臨川書店　一九七八
谷口克広『織田信長家臣人名辞典』吉川弘文館　一九九五
内藤　昌『復元安土城』講談社　一九九四

中井　均『近江の城－城が語る湖国の戦国史』サンライズ出版　一九九七
仁木宏・松尾信裕編『信長の城下町』高志書院　二〇〇八
松下　浩『織田信長その虚像と実像』淡海文庫53　サンライズ出版　二〇一四
松田毅一・川崎桃太訳『フロイス日本史』1～8　中央公論社　一九七七～一九七八
三浦正幸監修『よみがえる真説安土城』学習研究社　二〇〇六
脇田　修『織田政権の基礎構造―織豊政権の分析Ｉ』東京大学出版会　一九七五
『安土城』歴史群像名城シリーズ3　学習研究社　一九九四
『兼見卿記』一　史料纂集19巻　続群書類従完成会　一九七一
『兼見卿記』二　史料纂集47巻　続群書類従完成会　一九七六
『図説織田信長の城』洋泉社ＭＯＯＫ　二〇一三
『大乗院寺社雑事記』増補続史料大成刊行会編　臨川書店　二〇〇一

【報告書等】
『愛知県史』資料編10　中世3　愛知県　二〇〇九
『愛知県史』資料編11　織豊1　愛知県　二〇〇三
『江馬氏城館跡』5　神岡町教育委員会　二〇〇一
『大内氏館跡』12～15　山口市教育委員会　二〇一一～二〇一四
『大津市・宇佐山城跡調査概要』滋賀県教育委員会　一九七二
『大津の城』ふるさと大津歴史文庫二　大津市　一九八五
『岐阜県史』史料編近世7　岐阜県　一九七一
『岐阜城跡－織田信長居館伝承地の確認調査および岐阜城跡の遺構分布調査』岐阜市教育委員会／（公財）岐阜市教育文化振興事業団　二〇〇九
『岐阜城跡2』岐阜市教育委員会・（公財）岐阜市教育文化振興事業団　二〇一三
『岐阜城跡3』岐阜市教育委員会・（公財）岐阜市教育文化振興事業団　二〇一五
『京都市高速鉄道烏丸線内遺跡調査年報』Ⅰ・Ⅱ・Ⅲ　京都市高速鉄道烏丸線内遺跡調査会　一九七九～一九八一
『京の城』京都市文化財ブックス第二〇集　京都市文化市民局文化芸術都市推進室文化財保護課　二〇〇七
『清洲城下町遺跡（Ｖ）』（財）愛知県埋蔵文化財センター　一九九五
『国指定史跡七尾城基本整備構想』七尾市教育委員会　一九九六
『国史跡　岐阜城跡』岐阜市　二〇一五
『小牧城下町発掘調査報告書　新町遺跡』小牧市教育委員会　一九九八
『小牧山城発掘調査報告書』小牧市教育委員会　一九九〇
『小丸城跡』武生市教育委員会　一九八六
『坂本城跡発掘調査報告書』大津市教育委員会　二〇〇八
『史跡小牧山整備事業報告書』小牧市教育委員会　二〇〇五
『史跡小牧山主郭地区第一次～第四次試掘調査概要報告書』小牧市教育委員会　二〇〇五～二〇〇八
『史跡小牧山主郭地区第一次～第四次発掘調査概要報告書』小牧市教育委員会　二〇〇九～二〇一三
『勝龍寺城発掘調査報告』長岡京市埋蔵文化財センター　一九九一
『新修大津市史七　北部地域』大津市　一九八四
『千畳敷』岐阜市教育委員会　一九九〇
『千畳敷Ⅱ』岐阜市教育委員会　一九九一
『千畳敷Ⅲ』（財）岐阜市教育文化振興事業団　二〇〇〇
「高島郡の城」『滋賀県中世城郭分布調査』8　滋賀県教育委員会　一九九一
『特別史跡安土城跡発掘調査報告』1～16　滋賀県教育委員会　一九九一～二〇〇七
『特別史跡安土城跡環境整備事業概要報告書』Ⅰ～ⅩⅥ　滋賀県教育委員会　一九九四～二〇〇九

『特別史跡安土城跡石垣調査報告』1　滋賀県教育委員会　二〇〇一
『特別史跡安土城跡発掘調査報告書』Ⅰ〜Ⅱ　滋賀県教育委員会　二〇〇八〜二〇〇九
『名古屋城三の丸遺跡（Ⅰ）〜（Ⅴ）』（財）愛知県埋蔵文化財センター　一九九〇〜一九九五
『名古屋城三の丸遺跡　第4・5次発掘調査〜第8・9次発掘調査概要報告書』名古屋市教育委員会　一九九四〜一九九七
『安土　信長の城と城下町　発掘調査20年の記録』滋賀県教育委員会編著　サンライズ出版　二〇〇九
『福知山城の石垣』福知山市郷土資料館　一九九〇
『平安京関係遺跡発掘調査概報』京都市高速鉄道烏丸線内遺跡発掘調査会　一九七五

講談社現代新書　2405
織田《おだ》信長《のぶなが》の城《しろ》
二〇一六年一二月二〇日第一刷発行

著者　加藤《かとう》理文《まさふみ》

発行者　鈴木 哲

発行所　株式会社講談社

東京都文京区音羽二丁目一二―二一　郵便番号一一二―八〇〇一

電話　〇三―五三九五―三五二一　編集（現代新書）

〇三―五三九五―四四一五　販売

〇三―五三九五―三六一五　業務

装幀者　中島英樹

印刷所　凸版印刷株式会社

製本所　株式会社大進堂

定価はカバーに表示してあります　Printed in Japan

N.D.C. 210.4　288p　18cm
ISBN978-4-06-288405-1

「講談社現代新書」の刊行にあたって

教養は万人が身をもって養い創造すべきものであって、一部の専門家の占有物として、ただ一方的に人々の手もとに配布され伝達されうるものではありません。

しかし、不幸にしてわが国の現状では、教養の重要な養いとなるべき書物は、ほとんど講壇からの天下りや単なる解説に終始し、知識技術を真剣に希求する青少年・学生・一般民衆の根本的な疑問や興味は、けっして十分に答えられ、解きほぐされ、手引きされることがありません。万人の内奥から発した真正の教養への芽ばえが、こうして放置され、むなしく滅びさる運命にゆだねられているのです。

このことは、中・高校だけで教育をおわる人々の成長をはばんでいるだけでなく、大学に進んだり、インテリと目されたりする人々の精神力の健康さえもむしばみ、わが国の文化の実質をまことに脆弱なものにしています。単なる博識以上の根強い思索力・判断力、および確かな技術にささえられた教養を必要とする日本の将来にとって、これは真剣に憂慮されなければならない事態であるといわなければなりません。

わたしたちの「講談社現代新書」は、この事態の克服を意図して計画されたものです。これによってわたしたちは、講壇からの天下りでもなく、単なる解説書でもない、もっぱら万人の魂に生ずる初発的かつ根本的な問題をとらえ、掘り起こし、手引きし、しかも最新の知識への展望を万人に確立させる書物を、新しく世の中に送り出したいと念願しています。

わたしたちは、創業以来民衆を対象とする啓蒙の仕事に専心してきた講談社にとって、これこそもっともふさわしい課題であり、伝統ある出版社としての義務でもあると考えているのです。

一九六四年四月　野間省一

日本史

1258 身分差別社会の真実——斎藤洋一・大石慎三郎
1265 七三一部隊——常石敬一
1292 日光東照宮の謎——高藤晴俊
1322 藤原氏千年——朧谷寿
1379 白村江——遠山美都男
1394 参勤交代——山本博文
1414 謎とき日本近現代史　野島博之
1599 戦争の日本近現代史　加藤陽子
1648 天皇と日本の起源　遠山美都男
1680 鉄道ひとつばなし——原武史
1702 日本史の考え方——石川晶康
1707 参謀本部と陸軍大学校　黒野耐

1797 「特攻」と日本人——保阪正康
1885 鉄道ひとつばなし2——原武史
1900 日中戦争——小林英夫
1918 日本人はなぜキツネにだまされなくなったのか　内山節
1924 東京裁判——日暮吉延
1931 幕臣たちの明治維新　安藤優一郎
1971 歴史と外交——東郷和彦
1982 皇軍兵士の日常生活　一ノ瀬俊也
2031 明治維新　1858-1881　坂野潤治・大野健一
2040 中世を道から読む——齋藤慎一
2089 占いと中世人——菅原正子
2095 鉄道ひとつばなし3——原武史
2098 戦前昭和の社会　1926-1945——井上寿一

2106 戦国誕生——渡邊大門
2109 「神道」の虚像と実像　井上寛司
2152 鉄道と国家——小牟田哲彦
2154 邪馬台国をとらえなおす——大塚初重
2190 戦前日本の安全保障——川田稔
2192 江戸の小判ゲーム——山室恭子
2196 藤原道長の日常生活　倉本一宏
2202 西郷隆盛と明治維新　坂野潤治
2248 城を攻める　城を守る——伊東潤
2272 昭和陸軍全史1——川田稔
2278 織田信長〈天下人〉の実像　金子拓
2284 ヌードと愛国——池川玲子
2299 日本海軍と政治——手嶋泰伸

日本語・日本文化